200 recetas p

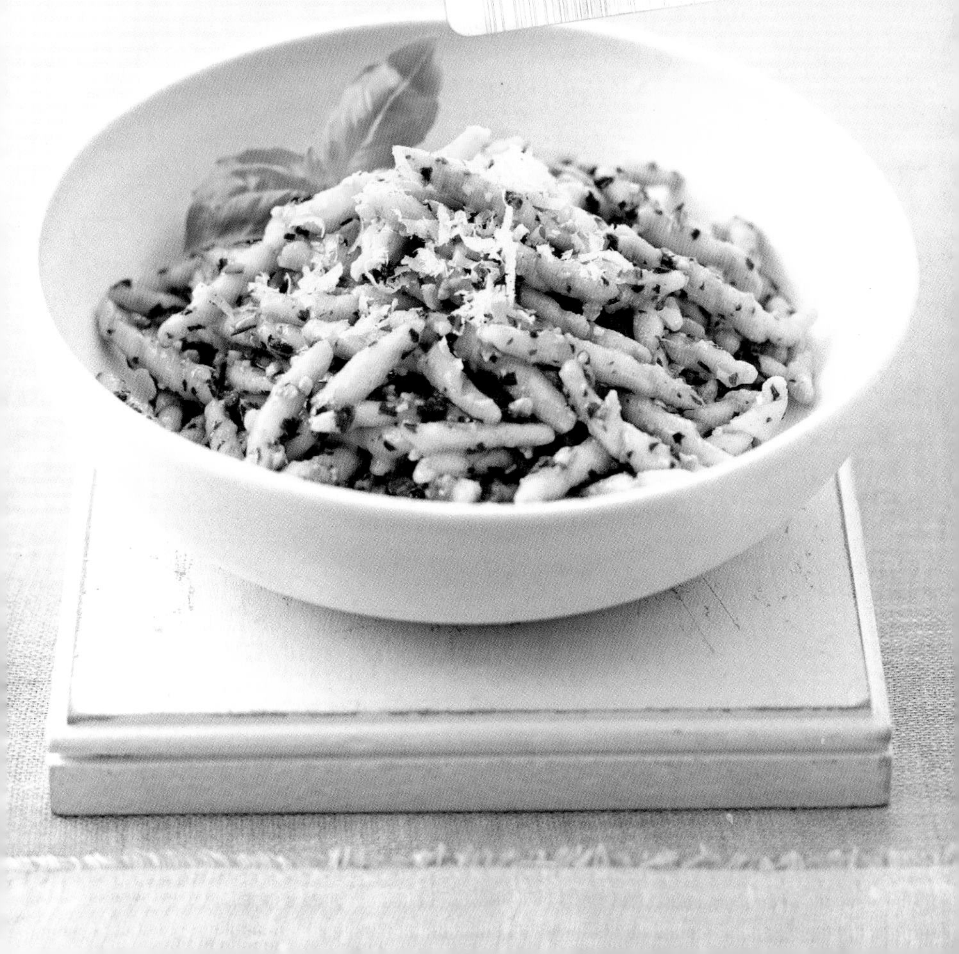

200

recetas para pasta

BLUME

Maria Ricci

BLUME

Título original:
200 Pasta dishes

Traducción:
Tara Sheridan

Revisión técnica de la edición en lengua española:
Eneida García Odriozola
Cocinera profesional
(Centro de formación de cocineros y pasteleros de Barcelona Bell Art).
Especialista en temas culinarios

Coordinación de la edición en lengua española:
Cristina Rodríguez Fischer

Primera edición en lengua española 2010
Reimpresión 2011

© 2010 Naturart, S.A. Editado por BLUME
Av. Mare de Déu de Lorda, 20
08034 Barcelona
Tel. 93 205 40 00 Fax 93 205 14 41
e-mail: info@blume.net
© 2008 Octopus Publishing Group, Londres

I.S.B.N.: 978-84-8076-905-1
Depósito legal: B. 808-2011
Impreso en Tallers Gràfics Soler, S.A.,
Esplugues de Llobregat (Barcelona)

WWW.BLUME.NET

En las recetas que se presentan en este libro se utilizan medidas
de cuchara estándar. Una cucharada sopera equivale a 15 ml;
una cucharada de café equivale a 5 ml.

El horno debería precalentarse a la temperatura requerida;
siga siempre las instrucciones que marca su horno.

Deben utilizarse hierbas frescas, a menos de que se indique
lo contrario; deben utilizarse huevos de tamaño mediano,
salvo que se indique lo contrario.

Las autoridades sanitarias aconsejan no consumir huevos crudos. Este libro
incluye algunas recetas en las que se utilizan huevos crudos o poco cocinados.
Resulta recomendable y prudente que las personas vulnerables, tales como
mujeres embarazadas, madres en período de lactancia, minusválidos, ancianos,
bebés y niños en edad preescolar eviten el consumo de los platos preparados
con huevos crudos o poco cocinados. Una vez preparados, estos platos
deben mantenerse refrigerados y consumirse rápidamente.

Este libro incluye recetas preparadas con frutos secos y derivados de los
mismos. Es aconsejable que las personas que son propensas a sufrir
reacciones alérgicas por el consumo de los frutos secos y sus derivados,
o bien las personas más vulnerables (como las que se indican en el párrafo
anterior), eviten los platos preparados con estos productos. Compruebe
también las etiquetas de los productos que adquiera para preparar los alimentos.

Este libro se ha impreso sobre papel manufacturado con materia prima procedente
de bosques sostenibles. En la producción de nuestros libros procuramos, con
el máximo empeño, cumplir con los requisitos medioambientales que promueven
la conservación y el uso sostenible de los bosques, en especial de los bosques
primarios. Asimismo, en nuestra preocupación por el planeta, intentamos emplear
al máximo materiales reciclados, y solicitamos a nuestros proveedores que usen
materiales de manufactura cuya fabricación esté libre de cloro elemental (ECF)
o de metales pesados, entre otros.

contenido

introducción

introducción

Puede que la pasta sea un plato tradicionalmente italiano, pero no es de extrañar que a menudo sea el preferido de muchas personas de todo el mundo que a menudo la consuman una o dos veces por semana. La pasta es el principal plato «cómodo», ya que es rápido y fácil de preparar y sumamente versátil debido a su variedad de formas y las numerosas salsas con las que se puede acompañar. Y, además, sirve para cualquier ocasión, sea para un almuerzo entre semana o una cena sofisticada.

pasta fresca y pasta seca

A menudo se piensa, equivocadamente, que la pasta fresca es mejor o más sofisticada que la pasta seca. Nada más lejos de la verdad. La pasta fresca se utiliza para ciertas formas y salsas y se consume con mayor frecuencia en el norte y en el centro de Italia. En determinadas regiones del sur de Italia, como Sicilia,

es posible que la gente que come pasta todos los días jamás haya probado la pasta fresca. Salvo que se indique lo contrario, en las recetas de este libro se utiliza pasta seca. Sin embargo, cuando sea necesario emplear pasta rellena comprada, utilice siempre pasta fresca.

Comprar pasta fresca en un supermercado puede ser decepcionante. Con frecuencia, ésta resulta insípida, así que busque una buena tienda *delicatesen* italiana en la que elaboren la pasta a diario y utilicen los mejores ingredientes para ello. En la página 10 encontrará una receta para preparar la masa tradicional de la pasta, de harina y huevo, y el último capítulo del libro (*véanse* págs. 216-235) está dedicado exclusivamente a las recetas de pasta caseras.

La pasta seca se elabora con trigo duro y/o harina de trigo blando y, a veces, con huevo. La variedad de formas y marcas puede resultar abrumadora, así que a continuación hemos incluido una guía útil de las formas que se pueden elegir para distintas salsas. En lo que a marcas se refiere, las mejores son las italianas; se pueden encontrar con facilidad y los conocimientos e ingredientes utilizados en su fabricación hacen que sean muy superiores a la mayoría de las marcas de los supermercados.

combinar formas y salsas

Los italianos tienen una firme opinión acerca de las pastas que deberían emplearse con distintas salsas, y cualquier norma general que trate de determinar

los criterios que se deben seguir a la hora de elegir, quedará, inevitablemente, en entredicho por una larga lista de excepciones. La mejor combinación es la que a usted más le guste, pero las siguientes sugerencias le ayudarán a tomar una decisión bien fundamentada.

salsas consistentes

Las pastas huecas y estriadas, tales como los conchiglie, penne, rigatoni o garganelli, o las pastas en forma de espiral, como los fusilli, retienen perfectamente los sabrosos trozos de una salsa. También puede optar por una de las pastas largas al huevo, como los parpadelle, tagliatelle o fettuccine. Las pastas hechas con huevo son más absorbentes y esto, además de la ancha superficie de estos tipos de pasta, contribuye a que la salsa se pegue a la pasta. Las salsas consistentes suelen escurrirse de las tiras largas y delgadas como los espaguetis; por esta razón, un verdadero italiano jamás serviría una auténtica salsa boloñesa con espaguetis.

salsas cremosas y mantecosas

Por los motivos antes mencionados, las pastas al huevo son el acompañamiento perfecto para las salsas a base de nata o mantequilla. Sin embargo, estas salsas son increíblemente versátiles y también se adhieren fácilmente a la mayoría de pastas cortas, tales como los farfalle, fusilli o penne.

salsas a base de aceite de oliva

En este caso, las pastas secas largas de trigo duro, como los espaguetis o los linguine, están en su salsa. Son perfectos para las salsas de tomate, verduras o pescado que utilizan el aceite de oliva como ingrediente de base. Estas pastas, a diferencia de las pastas al huevo, no absorben el aceite, sino que reciben una suave y deliciosa capa de salsa reluciente.

una cocción perfecta

Si sigue las sencillas instrucciones que aparecen a continuación, obtendrá siempre una cocción perfecta.

abundante agua salada en ebullición

Cueza la pasta en una olla muy grande llena de agua hirviendo. De este modo, la pasta tendrá suficiente espacio para expandirse y el movimiento creado por la ebullición evitará que se pegue. Remover un poco la pasta a mitad de cocción ayudará a que no se peguen las formas o tiras de pasta. Deberá echarle suficiente sal al agua, una vez cocida, incluso antes de añadirle la salsa, para que la pasta no tenga un sabor soso.

al dente

Todos hemos escuchado esta expresión italiana con la que se define la pasta cocida, pero si no se explica claramente, es difícil saber cómo obtenerla. La traducción literal de al dente es al diente y esto significa que deberá estar blanda por fuera pero ofrecer cierta resistencia en el centro al masticarla. No obstante, deberá estar completamente hecha, sin nada crudo, seco ni blanco en el centro.

aderezar la pasta

Los italianos siempre sirven la pasta ya cubierta de salsa en lugar de verter 1 cucharada de salsa sobre ella. De este modo se aseguran de que la pasta quede cubierta con la cantidad de salsa adecuada para un plato determinado. En muchas de las recetas de este libro se indica que se debe reservar un poco de agua de la cocción, mezclar la pasta escurrida con la salsa sobre el fuego y, a continuación, añadir el agua reservada. A primera vista puede que esto parezca extraño, pero hay una sencilla explicación; los italianos sólo utilizan la cantidad necesaria de salsa para cubrir ligeramente la pasta. Si se añade el agua almidonada de la cocción y se remueve sobre el fuego, la salsa se adhiere mejor a la pasta y le da una textura sedosa que de otro modo no tendría.

hacer pasta fresca

No tiene por qué pensar que hacer su propia pasta es una tarea abrumadora. De hecho, es más probable que salga bien una pasta que un pastel. De todos modos, necesitará un poco de práctica para sentirse cómodo con el proceso, así que mejor no hacerla por primera vez si va a tener invitados importantes.

masa de la pasta

Las recetas de este libro son para masas de 1, 2 o 3 huevos. Asegúrese de comprobar la cantidad de pasta que necesita antes de empezar a hacer la masa.

masa de 1 huevo

unos **150 g** de pasta

75 g de **harina italiana 00** o **harina de trigo fina**, y un poco para espolvorear

25 g de **sémola de grano duro** y un poco para espolvorear

1 **huevo**

masa de 2 huevos

unos **300 g** de pasta

150 g de **harina italiana 00** o **harina de trigo fina**, y un poco para espolvorear

50 g de **sémola de grano duro** y un poco para espolvorear

2 **huevos**

masa de 3 huevos

unos **400 g** de pasta

225 g de **harina italiana 00** o **harina de trigo fina**, y un poco para espolvorear

75 g de **sémola de grano duro** y un poco para espolvorear

3 **huevos**

Mezcle la harina y la sémola en un cuenco grande. Haga un hueco en el centro y abra los huevos en él. Mezcle los huevos con las manos e incorpore gradualmente la harina. Cuando la mezcla del centro esté demasiado espesa para seguir manipulándola, amase bien la mezcla con la base de la palma de la mano. Otra opción es meter todos los ingredientes en un robot de cocina para amasar la mezcla.

Coloque la masa sobre una superficie limpia espolvoreada con harina italiana 00 o harina de trigo fina y amase durante 3-4 minutos, hasta que esté suave y elástica. Envuélvala en un film transparente y déjela reposar en la nevera durante al menos 30 minutos, o un máximo de 4 horas.

estirar la masa

Espolvoree la superficie de trabajo con harina italiana 00 o harina de trigo fina. Con una máquina de hacer pasta en la posición más abierta, corte la masa en trozos del tamaño de un limón, separe un trozo y conserve los demás en film transparente. Forme un rectángulo con la masa y pásela por la máquina. Doble la masa por la mitad, a lo ancho, y pásela de nuevo por la máquina. Reduzca un nivel la apertura de la máquina y pase la masa una vez más.

Siga pasando la masa por los distintos niveles (una vez por cada nivel hasta que se haya pasado por todos los niveles). Si la lámina de pasta se alarga demasiado, córtela por la mitad y pase cada mitad por la máquina por separado. Si se vuelve pegajosa y se engancha en la máquina, espolvoree con un poco de harina italiana 00 o harina de trigo fina.

Coloque la lámina de pasta sobre una superficie espolvoreada con sémola y cúbrala con un paño de cocina mientras se estira el resto de la masa.

No se detenga mucho tiempo en darle forma a la masa, ya que se seca muy rápidamente; así pues, hay que darse toda la prisa posible mientras todavía esté húmeda y maleable.

cortar diferentes formas

No hace falta una regla, las láminas de lasaña pueden cortarse a la medida de la fuente. Utilice un cuchillo grande y afilado o un cortador dentado.

Para convertir las láminas de pasta en pappardelle, fettuccine o tallarines, primero córtelas en tiras de aproximadamente 20 cm de longitud, después páselas por los cortadores de la máquina de hacer pasta; la mayoría de las máquinas tiene un cortador de 1 cm de ancho para fettuccine o tagliatelle y de 5 mm de ancho para tallarines.

Para cortar la pasta a mano, espolvoree la lámina de pasta con harina italiana 00 o harina de trigo fina y dóblela por la mitad a lo largo. Después, espolvoree y doble de nuevo dos veces. Con un cuchillo grande y afilado, corte la lámina en tiras de 2,5 cm de anchura para hacer tagliatelle

o fettuccine y, aunque esto parezca un poco complicado, de 5 mm de anchura para hacer tallarines.

Las instrucciones para cortar la pasta cuando se quiere hacer pasta rellena figuran en las recetas pertinentes.

utensilios

Sólo hay unos cuantos utensilios que son esenciales o muy útiles a la hora de cocinar pasta o gnocchi caseros.

olla grande

La pasta no se cocina bien en una olla pequeña; hace falta una olla lo suficientemente grande como para que pueda moverse en el agua hirviendo mientras se cuece.

colador

Una vez que esté *al dente*, deberá escurrir la pasta inmediatamente. Un colador grande que pueda poner en el fregadero es mucho mejor que un colador pequeño.

espumadera y cucharón perforado

Son estupendos para sacar pastas delicadas rellenas o gnocchi de la olla en lugar de escurrirlos. También van muy bien para servir pastas cortas.

pinzas

Las pinzas facilitan la labor de mezclar las pastas largas, como los espaguetis o los linguine, con sus salsas. También van muy bien para servir la pasta. Tenga cuidado cuando utilice las pinzas

con pasta fresca o casera porque la pasta podría romperse.

cortador dentado

Se utiliza para hacer láminas de lasaña o raviolis con las láminas de pasta. No es esencial pero facilita el trabajo y deja un atractivo zigzag en la pasta.

pasapurés o pasapurés de manivela

Es esencial para conseguir el puré ligero, esponjoso y sin grumos que se necesita para hacer gnocchi. Y aunque no haga gnocchi con frecuencia, estos económicos utensilios se pueden usar para cualquier receta en la que se requiera hacer puré con los ingredientes.

máquinas de hacer pasta

Son baratas y aligeran la labor, de otro modo pesada, de estirar la masa a mano con un rodillo de amasar. Los cortadores para fettuccine, tagliatelle o tallarines también ahorran mucho tiempo.

ingredientes

A continuación se incluye una guía rápida de los principales ingredientes empleados en platos de pasta italianos tradicionales.

aceite de oliva

Hay distintas categorías; el aceite de oliva virgen extra se elabora con la primera prensada en frío de las aceitunas y su intenso sabor varía, pues presenta desde notas a pimienta hasta notas a nueces o a hierba. Para obtener los mejores resultados, utilice aceite de oliva virgen extra en recetas en las que el aceite no se tenga que cocinar o en las que figure como uno de los principales ingredientes. El aceite de oliva corriente que se fabrica comercialmente y es más barato es el apropiado para recetas en las que el aceite se utiliza para freír o saltear verduras al principio de la cocción.

tomates

Hay una gran variedad de tomates en Italia en verano, desde jugosos tomates pera hasta dulces tomates cherry y tomates verdes para ensalada. Cada una de las variedades tiene un uso concreto; los tomates San Marzano (tomates pera) son muy apreciados para salsas y son los que más se enlatan, o bien enteros o bien troceados. Los tomates en lata de calidad no deberían verse con malos ojos; de hecho, los italianos se sirven de ellos en invierno para hacer sus salsas, y además es preferible

usar tomates en lata que tomates de invernadero inmaduros y ácidos. La passata es un puré suave elaborado con tomates crudos que se vende embotellada o en envases de cartón y, se emplea para cocinar.

Si en una receta hace falta pelar los tomates, colóquelos en una fuente refractaria y cúbralos con agua hirviendo. Déjelos reposar durante 30 segundos hasta que la piel se afloje y después, escúrralos. Por último, haga una pequeña cruz en la base de los tomates y quíteles la piel.

quesos

Mozzarella. Se puede elaborar con leche de vaca o leche de búfala (mozzarella di bufala). La mozzarella de leche de vaca es más que adecuada para cocinar cuando se va a fundir, pero para una ensalada de pasta vale la pena darse un lujo y comprar mozzarella de búfala, ya que tiene un sabor más fresco y cremoso. Adquiera únicamente la que viene en agua.

Parmesano. El Parmigiano Reggiano es un queso de leche de vaca elaborado en la región de Emilia Romaña. Se emplea extensamente, rallado o en virutas, en los platos de pasta.

Grana Padano. Es muy parecido al parmesano, y una opción más barata para cocinar.

Pecorino. Es un queso de leche de oveja elaborado en el centro y en el sur de Italia. Hay distintas variedades y se pueden dejar madurar hasta que estén listos para su consumición o curar aún más hasta que esté seco y sea fácil de desmenuzar; se usa rallado para cocinar. En las recetas de este libro se emplea el pecorino que se desmenuza con facilidad, a menudo con la etiqueta pecorino romano.

Ricotta. Es un queso blando, de bajo contenido graso, procedente del suero que sobra de la elaboración de los quesos. El suero se recalienta y luego se cuela en cestas, de ahí su nombre, ricotta, que significa «recocido». La variedad más difundida fuera de Italia está elaborada con leche de vaca y es la que se aconseja para las recetas de este libro.

Fontina. Es un queso suave de la región del Piamonte que se funde fácil y uniformemente y, por tanto, es perfecto para cocinar.

Gorgonzola y _dolcelatte_. Estos dos quesos azules se utilizan con frecuencia en salsas para pasta. El gorgonzola es el más fuerte y es comparable al stilton o al roquefort. El _dolcelatte_ resulta mucho más cremoso y suave y, por ello, una mejor opción para preparar salsas más delicadas.

Mascarpone. Este cremoso queso fresco es muy espeso y tiene un alto contenido graso y un sabor y una textura suaves.

jamones

Prosciutto es el término genérico que se emplea para el jamón en Italia. Prosciutto crudo, que literalmente quiere decir «jamón crudo», es el jamón italiano más conocido y su variedad más famosa es el prosciutto di Parma (o jamón de Parma), un jamón crudo que se sala y después se cuelga a secar y curar. El speck, un jamón ahumado procedente de las fronteras del norte de Italia, también se utiliza en este libro. Tiene un fuerte sabor ahumado. Como alternativa, se puede usar jamón de la Selva Negra.

setas y champiñones

Las setas más fáciles de conseguir en Italia son los porcini (_Boletus edulis_), los níscalos y los rebozuelos. Incluso cuando están de temporada, en otoño, los italianos a menudo utilizan setas secas, que deben ponerse a remojar en agua caliente antes de ser cocinadas. Entre éstas, las más populares son los porcini. Y no se olvide de usar el agua de remojo de las setas, ya que tiene muchísimo sabor.

boquerones y anchoas

Estos pescados se pueden comprar frescos o conservados en sal o aceite. Las anchoas en sal tienen un sabor más fresco que las que se conservan en aceite, pero deberán lavarse cuidadosamente para eliminar la sal. En las recetas de este libro se usan filetes de anchoa envasados en lugar de boquerones.

alcaparras

Son los botones de la flor del mismo nombre y se conservan en sal o vinagre. Póngalas a remojar en agua fría para quitarles la salobridad o la acidez del vinagre antes de usarlas. Las alcaparras pequeñas suelen tener más sabor que las grandes.

harinas

Los italianos suelen emplear dos tipos de harina de trigo blando, la «0», que es parecida a la harina común, y la «00», que es más fina y la opción preferida para hacer pasta fresca. Esta última se puede comprar en las tiendas de productos gourmet italianos y en algunos buenos supermercados. Otro tipo de harina que se utiliza con frecuencia es la de sémola de grano duro, una harina de trigo duro que se usa para panes y pastas. Es más fina que la sémola que generalmente se emplea en otros países, así que merece la pena comprarlo en tiendas de productos gourmet italianos, sobre todo si se quiere conseguir una pasta fresca suave y sedosa.

comidas para cada ocasión

Las siguientes listas le ayudarán a encontrar los platos de pasta apropiados que puede preparar.

sopas y ensaladas

minestrone de otoño

4-6 raciones
tiempo de preparación
15 minutos
tiempo de cocción **55 minutos**

2 cucharadas de **aceite de oliva**
1 **cebolla roja**, cortada
en rodajas finas
2 **zanahorias**, cortadas en dados
2 **tallos de apio**, cortados
en dados
½ **bulbo de hinojo**, recortado
y cortado en rodajas finas
2 **dientes de ajo**, pelados
150 ml de **vino blanco seco**
400 g de **tomates troceados**
en lata
1,2 l de **caldo de verduras**
1 **patata**, pelada y cortada
en dados
½ × 400 g de **alubias blancas**
escurridas y lavadas
200 g de **cavolo negro**
(**col negra italiana**) o col
de **Saboya**, cortada en tiras
75 g de **pasta seca pequeña**
sal y pimienta negra
pesto de albahaca clásico,
para servir (opcional,
véase pág. 158)

Caliente el aceite a fuego lento en una olla grande de fondo grueso. Añada la cebolla, las zanahorias, el apio, el hinojo y los dientes de ajo y deje cocer; remueva de vez en cuando durante 10 minutos. Agregue el vino y deje hervir durante 2 minutos. Vierta los tomates y el caldo, remuévalo todo y lleve a ebullición; a continuación, baje el fuego y cueza a fuego lento durante 10 minutos.

Añada la patata, las alubias y la col, salpimiente y cueza durante 20 minutos más, hasta que las verduras estén muy tiernas.

Incorpore la pasta a la sopa y cueza, removiéndolo con frecuencia, hasta que esté *al dente*. Compruebe los condimentos y sirva el plato con una generosa cucharada de pesto de albahaca clásico (*véase* pág. 158), si lo desea.

Para preparar una minestrone sabrosa y sustanciosa
fría 250 g de jamón york cortado en dados junto con la cebolla, las zanahorias, el apio, el hinojo y el ajo. Sustituya el vino blanco por 300 ml de vino tinto y, en lugar de caldo de verduras, utilice la misma cantidad de caldo de pollo y una lata entera de alubias blancas.

minestrone de primavera

4-6 raciones
tiempo de preparación
15 minutos
tiempo de cocción **55 minutos**

2 cucharadas de **aceite de oliva**
1 **cebolla**, cortada en rodajas
   finas
2 **zanahorias**, cortadas en dados
2 **tallos de apio**, cortados
   en dados
2 **dientes de ajo**, pelados
1 **patata**, pelada y cortada
   en dados
125 g de **guisantes** pelados
   o **habas**, descongelados
   si son congelados
1 **calabacín**, cortado en dados
125 g de **judías verdes**,
   recortadas y cortadas en trozos
   de 3,5 cm
125 g de **tomates pera**, pelados
   y troceados
1,2 l de **caldo de verduras**
75 g de **pasta seca pequeña**
10 **hojas de albahaca**, partidas
sal y pimienta negra

para **servir**
parmesano recién rallado
aceite de oliva virgen extra
pan de hogaza tostado

Caliente el aceite de oliva a fuego lento en una olla grande de fondo grueso. Añada la cebolla, las zanahorias, el apio y los dientes de ajo y déjelo cocer, removiéndolo de vez en cuando, durante 10 minutos. Agregue la patata, los guisantes o las habas, el calabacín y las judías verdes y deje que todo se cueza, removiendo con frecuencia, durante 2 minutos. Eche los tomates, salpimiente y déjelo cocer 2 minutos más.

Vierta el caldo y lleve a ebullición. Baje el fuego y cocine a fuego lento durante 20 minutos, hasta que las verduras estén muy tiernas.

Añada la pasta y la albahaca a la sopa y déjelo cocer, removiendo con frecuencia, hasta que la pasta esté *al dente*. Compruebe los condimentos antes de aderezar con un poco de parmesano y aceite de oliva virgen extra. Sirva el plato con unas rebanadas de pan de hogaza tostado.

Para preparar tostas de parmesano (para servir con la sopa), tueste 4-6 rebanadas de chapata por un lado, aplique 2-3 cucharadas de aceite de oliva por el otro lado con un pincel de cocina y añada virutas de guindilla y 2 cucharadas de parmesano recién rallado. Déjelas en el horno medio precalentado hasta que estén doradas y crujientes.

minestrone verde

4-6 raciones

tiempo de preparación
20 minutos, más tiempo
de remojo
tiempo de cocción
**1 hora y 30 minutos-1 hora
y 45 minutos**

50 g de **alubias blancas**, poner
en remojo durante una noche
3 cucharadas de **aceite de oliva**
2 **dientes de ajo**, machacados
2 **puerros**, cortados en aros
3 **tomates**, troceados
3 cucharadas de **perejil de hoja
plana** picado
1 cucharada de **cebollinos**,
cortados
125 g de **judías verdes**,
en trozos de 2,5 cm
150 g de **habas** peladas
125 de **guisantes**, frescos
o congelados
1 l de **agua hirviendo** o caldo
75 g de **pasta seca pequeña**
175 g de **espinacas**
sal y pimienta negra

para **servir**
pesto rojo preparado
parmesano recién rallado

Escurra y lave las alubias. Colóquelas en una olla y cúbralas
con agua fría. Llévelas a ebullición, baje el fuego y deje que se
cuezan a fuego lento durante 45-60 minutos, hasta que estén
tiernas. Retírelas del fuego y déjelas en el agua de la cocción.

Caliente el aceite en una olla grande a fuego lento y añada
el ajo y los puerros y deje que se cuezan, removiendo de vez en
cuando, durante 5-10, minutos hasta que se hayan ablandado.
Incorpore los tomates, la mitad del perejil, los cebollinos y
salpimiente, deje que se cocinen durante 12-15 minutos, hasta
que los tomates estén pulposos.

Añada las judías verdes y las habas y los guisantes si son
frescos. Deje que se cuezan durante 1-2 minutos y vierta
el agua o el caldo. Lleve a ebullición y deje hervir durante
10 minutos. Incorpore la pasta, las judías, el agua de su
cocción y las espinacas (y las habas, y los guisantes, si
son congelados) y cueza durante 10 minutos. Salpimiente
al gusto y vierta, sin parar de remover, el resto del perejil
y los cebollinos.

Sirva el plato con 1 cucharada generosa de pesto rojo
y un poco de parmesano rallado y adórnelo con unos
cuantos cebollinos.

Para preparar pesto casero de pimiento rojo, ase
2 pimientos rojos y, después, pélelos y haga puré junto
con dos dientes de ajo, 50 g de piñones y 4 cucharadas
de aceite de oliva.

sopa de pasta y garbanzos

4 raciones
tiempo de preparación
5 minutos
tiempo de cocción **35 minutos**

1 cucharada de **aceite de oliva**
2 **dientes de ajo**, finamente
picados
2 **ramitas de romero**, finamente
picadas
1 **chile rojo seco**
2 cucharadas de **concentrado
de tomate**
400 g de **garbanzos** en lata,
escurridos y lavados
1,2 l de **caldo de verduras**
o de **pollo**
175 g de **tagliatelle** o **fettuccine
seco**, partidos en trozos cortos
sal

para **servir**
parmesano recién rallado
aceite de oliva virgen extra

Caliente el aceite de oliva en una olla grande a fuego
lento. Añada el ajo, el romero y el chile y cocine, removiéndolo,
hasta que el ajo empiece a dorarse. Eche el concentrado
de tomate y los garbanzos y cueza, removiendo, durante
2-3 minutos y añada el caldo. Lleve a ebullición; baje
el fuego y cueza a fuego lento durante 15 minutos.

Ponga la mitad de la mezcla en un robot de cocina y bata hasta
que quede suave y échela de nuevo en la olla. Lleve a ebullición
y sazone al gusto. Eche la pasta y cueza, removiendo con
frecuencia, hasta que esté *al dente*. Añada un poco de agua
hirviendo si parece que la sopa está demasiado seca, si bien
deberá ser más espesa que una sopa corriente y más blanda
que una pasta clásica.

Deje reposar la sopa durante 2-3 minutos antes de servirla con
un poco de parmesano rallado y aceite de oliva virgen extra.

Para preparar sopa de pasta con garbanzos y salchichas,
ase a la parrilla 4 salchichas de cerdo de calidad hasta que
estén doradas y crujientes. Córtelas en rodajas y mézclelas
con 1 cucharada de perejil y la cáscara de ½ limón (limpia)
finamente rallada y añádalas a la sopa al servirla.

caldo reconfortante

4 raciones
tiempo de preparación
  2 minutos
tiempo de cocción **25 minutos**

2 **pechugas de pollo**
  deshuesadas y sin piel
  (unos 300 g)
900 ml de **caldo de pollo frío**
1 **rodaja de limón**
2 cucharaditas de **tomillo** picado
250 g de **cappelletti de carne
  frescos** o **tortellini**
sal y pimienta negra
parmesano recién rallado
queso, para servir

Ponga las pechugas de pollo, el caldo, la rodaja de limón
y el tomillo en una olla grande. Espere hasta que casi hierva
el agua (debería temblar en lugar de burbujear). Cubra la olla
y cueza durante 15-16 minutos, hasta que el pollo quede
de color opaco. Saque el pollo del agua con un cucharón
perforado y trasládelo a un plato. Quite la rodaja de limón.

Cuando el pollo se haya enfriado un poco, córtelo en tiras
grandes.

Lleve el caldo a ebullición fuerte y salpimente. Añada la pasta,
deje cocer durante 2-3 minutos y eche el pollo en tiras en el
último minuto de cocción. Sirva inmediatamente con una
cantidad generosa de parmesano rallado.

Para preparar caldo de pollo con huevo bata bien 2 huevos
y retire el caldo del fuego una vez que la pasta esté cocida.
Vierta poco a poco los huevos batidos, sin parar de remover.
Espolvoree con 2 cucharadas de estragón picado y sirva.

sopa de panceta y alubias pintas

4 raciones
tiempo de preparación
15 minutos, más tiempo
de remojo
tiempo de cocción **35 minutos**

15 g de **porcini (*Boletus edulis*)**
secos
200 ml de **agua hirviendo**
1 **cucharada de aceite de oliva**
75 g de **panceta**, cortada
en dados

1 **cebolla** pequeña, finamente
picada
1 **zanahoria**, finamente picada
1 **tallo de apio**, finamente picado
2 **dientes de ajo**, finamente
picados
2 **ramitas de romero**, picadas
400 g de **alubias pintas**
«borlotti» en lata, escurridas
y lavadas
200 ml de **vino tinto**
1 **cucharada de concentrado**
de tomate
1 l de **caldo de pollo**
175 g de **pasta seca pequeña**
sal y pimienta negra

para **servir**
parmesano recién rallado
aceite de oliva virgen extra

Introduzca los porcini en una fuente refractaria pequeña
con toda el agua; las setas deben quedar bien sumergidas.
Déjelos en remojo durante 15 minutos. Cuélelas, reserve
el agua de remojo y escurra el agua sobrante.

Caliente el aceite de oliva a fuego lento en una olla grande
de fondo grueso. Añada la panceta, la cebolla, la zanahoria y el
apio y cueza, removiendo de vez en cuando, durante 10 minutos.
Suba el fuego a medio-alto y eche el ajo, el romero y los porcini.
Cocine, sin parar de remover, durante 1 minuto y añada las
alubias y el vino. Lleve a ebullición a fuego fuerte hasta que se
haya evaporado casi todo el vino. Añada, sin parar de remover,
el concentrado de tomate, el agua de remojo reservada y el
caldo. Lleve a ebullición y baje el fuego. Cocine a fuego lento
durante 10 minutos. La sopa se puede preparar antes de
este paso.

Justo antes de servirla, lleve la sopa a ebullición a fuego fuerte
y salpimiente. Añada la pasta y cocine, sin parar de remover,
hasta que esté *al dente*.

Déjela reposar durante 2-3 minutos antes de servirla con un
poco de parmesano y un chorrito de aceite de oliva virgen extra.

Para preparar picatostes gruesos de chapata, para
servir con la sopa, corte 4 rebanadas de chapata gruesas
en dados grandes y añádales 2 cucharadas de aceite de
oliva y 2 dientes de ajo machacados y hornéelos con el horno
precalentado a 180 °C, 4 si es de gas, durante 10 minutos.
Sáquelos del horno y esparza 2 cucharaditas de romero
finamente picado sobre los dados, introdúzcalos de nuevo
en el horno y déjelos 10 minutos o hasta que estén crujientes
y dorados. Sírvalos calientes.

ensalada de habas y queso de cabra

4 raciones
tiempo de preparación
5 minutos
tiempo de cocción
15-20 minutos

250 g de **tomates maduros**
2 **dientes de ajo**, pelados
5 cucharadas de **aceite de oliva
virgen extra**
1 cucharada de **vinagre
balsámico añejo de calidad**
300 g de **farfalle seco**
200 g de **queso de cabra**,
desmenuzado
20 **hojas de albahaca**, partidas
sal y pimienta negra

Introduzca los tomates en un robot de cocina y trocéelos finamente. Échelos en un cuenco y vierta, sin parar de remover, el aceite y el vinagre y salpimiente.

Cueza las habas en una olla de agua hirviendo hasta que estén tiernas, de 6-8 minutos si son frescas y durante 2 minutos si son congeladas. Escúrralas, enfríelas con agua y vuélvalas a escurrir. Quíteles la piel y mézclelas con los tomates y déjelas reposar mientras se cuece la pasta.

Cueza la pasta en una olla grande con agua salada hirviendo, siguiendo las instrucciones del paquete, hasta que esté *al dente*. Escúrrala, enfríela con agua y escúrrala nuevamente. Añada la pasta al tomate y las habas; eche el queso de cabra y la albahaca y mézclelo todo con cuidado. Salpimiente al gusto y dejar reposar al menos 5 minutos antes de servir.

Para preparar ensalada de farfalle con semillas de soja y pecorino, mezcle el tomate y el ajo como se indica en la receta, pero sustituya las habas por 250 g de semillas de soja congeladas, cocidas durante 3 minutos. En lugar de queso de cabra, utilice 60 g de pecorino en virutas y añada 3 cucharadas de menta o perejil finamente picados en vez de albahaca.

ensalada templada de raviolis con remolacha

4 raciones
tiempo de preparación
10 minutos
tiempo de cocción **12 minutos**

4 cucharadas de **aceite de oliva virgen extra**
2 **cebollas rojas**, cortadas en rodajas finas
2 **dientes de ajo**, cortados en rodajas finas
500 g de **raviolis frescos de ricotta y espinacas**
375 g de **remolacha cocida** en su jugo, escurrida y cortada en dados
2 cucharadas de **alcaparras** en salmuera, escurridas y lavadas
2 cucharadas de **vinagre balsámico añejo de calidad**
sal

para **servir**
hojas mixtas de sabor amargo como endivias, radicchio (achicoria roja), roqueta y escarola
ramitas de perejil
hojas de albahaca
virutas de pecorino fresco (opcional)

Caliente 2 cucharadas del aceite en una sartén grande a fuego medio, añada las cebollas y el ajo y deje freír, removiendo de vez en cuando, durante 10 minutos, hasta que estén dorados.

Mientras, cueza la pasta en una olla grande con agua salada hirviendo, según las instrucciones del paquete, hasta que esté al dente. Escúrrala y mézclela cuidadosamente con el resto del aceite.

Añada la remolacha, las alcaparras y el vinagre a las cebollas y al ajo y caliente. Mezcle con la pasta y trasládela a un bol grande, con el jugo de la cocción, y déjela enfriar 5 minutos.

Ponga los raviolis en boles o platos junto con las hojas mixtas y las hierbas aromáticas. Sírvalos con unas virutas de pecorino, si lo desea.

Para preparar ensalada de penne con remolacha y ricotta, sustituya los raviolis por 200 g de penne. Cueza la pasta y mézclela con la salsa, como se indica en la receta, y para terminar añada 100 g de ricotta desmenuzada.

ensalada de pasta primaveral

4 raciones
tiempo de preparación
  10 minutos
tiempo de cocción
  10-12 minutos

4 cucharadas de **aceite de oliva
  virgen extra**
1 **diente de ajo**, machacado
cáscara (limpia) finamente
  rallada y el **zumo de ½ limón**
6 **cebolletas**, cortadas en
  rodajas finas
175 g de **fusilli secos**
150 g de **puntas de espárrago**,
  cortadas en trozos de 2,5 cm
150 g de **judías verdes**,
  recortadas y cortadas en trozos
  de 2,5 cm
50 g de **guisantes** pelados,
  frescos o congelados
1 **bola de mozzarella de búfala**,
  escurrida y cortada en trozos
  pequeños
50 g de **berros**
2 cucharadas de **perejil de hoja
  plana** cortado en trozos
  grandes
2 cucharadas de **cebollino**
  cortado
8 **hojas de albahaca**, partidas
sal y pimienta negra

Mezcle el aceite, el ajo y la cáscara y el zumo de limón y las cebolletas en un bol grande que no sea metálico y deje reposar mientras se prepara la pasta.

Cueza la pasta en una olla grande con agua salada hirviendo, siguiendo las instrucciones del paquete, hasta que esté *al dente* y añada las puntas de espárrago, las judías y los guisantes en los 3 últimos minutos de la cocción.

Cuele la pasta y las verduras y mezcle con el aliño preparado. Reserve en un lugar fresco hasta que esté a temperatura ambiente.

Incorpore el resto de los ingredientes a la ensalada de pasta y mezclar. Salpimiente y deje reposar al menos 5 minutos para que los sabores se fundan antes de servir.

Para preparar ensalada de guisantes dulces y habas, sustituya las puntas de espárrago por 150 g de guisantes dulces y las judías verdes por 150 g de habas. Corte las vainas de los guisantes y échelas, junto con las habas, a la olla en los 3-5 últimos minutos de la cocción de la pasta. En lugar de berros, use 50 g de roqueta.

ensalada de pasta con berenjena y calabacín

4 raciones
tiempo de preparación
10 minutos, más tiempo
de adobado y reposo
tiempo de cocción **25 minutos**

1 **berenjena**, cortada en rodajas
de 1 cm
2 **calabacines**, cortados
en rodajas de 1 cm
100 ml de **aceite de oliva virgen
extra**
1 cucharada de **vinagre
balsámico añejo de calidad**
3 **dientes de ajo**, finamente
picados
20 g de **albahaca**, cortada
en trozos grandes
20 g de **menta**, cortada
en trozos grandes
2 cucharadas de **alcaparras** en
salmuera, escurridas y lavadas
1 **chile rojo fresco**, sin semillas,
finamente picado
40 g de **piñones**
200 g de **conchiglie secos**
sal

Caliente una plancha a fuego fuerte hasta que humee.
Mezcle las berenjenas y los calabacines con 4 cucharadas
de aceite en un bol. Añada a la plancha, por tandas, y ase
durante 1-2 minutos por cada lado, hasta que estén bien
tostados y tiernos.

A medida que vaya sacando las verduras de la plancha,
corte las rodajas de calabacín en 3 trozos y las rodajas de
berenjena por la mitad. Traslade las verduras a un bol junto
con el resto del aceite, el vinagre, el ajo, las hierbas aromáticas,
las alcaparras y el chile y mezcle bien todos estos ingredientes.
Sazone con sal y deje en el adobo un mínimo de 20 minutos
y un máximo de una noche, cubiertas, en la nevera.

Tueste los piñones en una sartén seca a fuego lento,
removiendo con frecuencia, durante 2-3 minutos o hasta que
estén dorados; mézclelos con las verduras a la plancha.

Cueza la pasta en una olla grande con agua salada hirviendo,
siguiendo las instrucciones del paquete, hasta que esté
al dente. Escúrrala, enfríela con agua y vuelva a escurrirla
bien antes de mezclarla con las verduras a la plancha.
Déjela reposar durante 10 minutos para que los sabores
se mezclen antes de servir.

Para preparar ensalada de pimientos rojos y espárragos,
sustituya las berenjenas y los calabacines por 2 pimientos
rojos y 150 g de espárragos. Parta los pimientos por la mitad,
quíteles las semillas y córtelas en rodajas. Recorte, escalde
y escurra los espárragos. Ase los pimientos y los espárragos
a la plancha y prepare el resto de la ensalada como se indica
en la receta.

ensalada de alcachofa, guisantes y menta

4 raciones
tiempo de preparación
10 minutos, más tiempo
de reposo
tiempo de cocción **10 minutos**

250 g de **pasta seca pequeña**
250 g de **guisantes
congelados**, descongelados
5 cucharadas de **aceite de oliva
virgen extra**
6 **cebolletas**, cortadas en trozos
grandes
2 **dientes de ajo**, machacados
8 **corazones de alcachofa
envasados en conserva**,
escurridos y cortados en trozos
gruesos
4 cucharadas de **menta** picada
cáscara (limpia) finamente
rallada y el **zumo de ½ limón**,
más un poco de cáscara
de limón rallada para decorar
sal y pimienta negra

Cueza la pasta en una olla grande con agua salada hirviendo, según las instrucciones del paquete, hasta que esté *al dente*. Añada los guisantes en los 3 últimos minutos de la cocción. Escúrralo bien.

Mientras, caliente 2 cucharadas de aceite en una sartén a fuego medio y eche las cebolletas y el ajo y sofría, removiéndolo, durante 1-2 minutos, hasta que estén blandos.

Mezcle la pasta y los guisantes con las alcachofas, la menta y el resto del aceite. Mezcle bien, salpimiente y deje reposar 10 minutos. Eche la cáscara y el zumo de limón y sirva la ensalada caliente, adornada con cáscara de limón.

Para preparar ensalada de prosciutto, espárragos, guisantes y menta, sustituya la alcachofa por 250 g de espárragos y 150 g de prosciutto. Quíteles los trozos duros a los espárragos y cuézalos al vapor durante 3-5 minutos (según el grosor). Ase los espárragos a la parrilla hasta que estén crujientes. Prepare el resto de la ensalada como se indica en la receta y sírvala con los espárragos y el prosciutto por encima.

ensalada de habas y queso feta con hierbas aromáticas

2 raciones

tiempo de preparación
15 minutos
tiempo de cocción
10-12 minutos

200 g de **penne seco**
u otra **pasta**
200 g de **habas** peladas,
frescas o congeladas
50 g de **tomates secados
al sol** (semisecos) en aceite,
escurridos y cortados
en trozos grandes
un manojo de **hierbas
aromáticas**, como perejil,
estragón, perifollo y cebollinos,
cortadas en trozos grandes
50 g de **queso feta**, partido
en trozos grandes
sal y pimienta negra

para el **aliño**
2 cucharadas de **aceite de oliva
virgen extra**
1 cucharada de **vinagre de Jerez**
½ cucharadita de **mostaza
a la antigua**

Cueza la pasta en una olla grande con agua salada hirviendo, según las instrucciones del paquete, hasta que esté *al dente*. Escúrrala, enfríela con agua y vuelva a escurrirla bien.

Mientras, cueza las habas en una olla aparte con agua hirviendo ligeramente salada durante 4-5 minutos, hasta que se pongan tiernas. Escúrralas, sumérjalas en agua helada y déjelas enfriar. Quíteles la piel.

Bata los ingredientes del aliño en un bol pequeño y salpimiente.

Para preparar ensalada de pasta con habas y dos quesos, utilice 150 g de mozzarella de búfala y 50 g de gorgonzola. Corte la bola de mozzarella y el gorgonzola en dados y eche por encima de la ensalada en lugar de queso feta.

carnes y aves

pasta a la carbonara con chorizo

4 raciones
tiempo de preparación
5 minutos
tiempo de cocción
18-20 minutos

125 g de **chorizo**, cortado
en rodajas
1 cucharada de **aceite de oliva**
375 g de **penne seco**
4 **huevos**
50 g de **parmesano** recién
rallado, más un poco para servir
sal y pimienta negra

Ponga las rodajas de chorizo en una sartén con aceite y fríalas a fuego muy lento, dándoles la vuelta de vez en cuando, hasta que estén crujientes. La grasa derretida del chorizo será un ingrediente esencial de la salsa.

Cueza la pasta en una olla grande con agua salada hirviendo, siguiendo las instrucciones del paquete, hasta que esté *al dente*.

Mientras, rompa los huevos en un cuenco, añada el parmesano y sazone con sal y una cantidad generosa de pimienta. Mézclelos con un tenedor.

Justo antes de que la pasta esté lista, suba el fuego de la sartén para que el aceite y la grasa derretida del chorizo empiecen a crepitar. Escurra bien la pasta y vuelva a ponerla en la olla; vierta, sin parar de remover, el huevo y los ingredientes muy calientes de la sartén. Remuévalo enérgicamente para que los huevos se hagan de forma uniforme. Sirva inmediatamente con un poco de parmesano rallado.

Para preparar pasta a la carbonara con chorizo picante

y puerro, fría 1 puerro cortado en rodajas finas en 2 cucharadas de aceite de oliva durante 6-8 minutos hasta que se ablande. Añada el chorizo y continúe como se indica en la receta. Eche ½ cucharadita de pimentón picante a la mezcla de huevo y termine como se indica en la receta.

fusilli con speck, espinacas y queso taleggio

4 raciones
tiempo de preparación
5 minutos
tiempo de cocción **15 minutos**

375 g de **fusilli seco**
100 g de **lonchas de speck**
150 g de **queso taleggio**,
   cortado en dados pequeños
150 ml de **nata**
125 g de **espinacas «baby»**,
   partidas
sal y pimienta negra
parmesano recién rallado,
   para servir (opcional)

Cueza la pasta en una olla grande con agua salada hirviendo, siguiendo las instrucciones del paquete, hasta que esté *al dente*.

Mientras, corte el speck en tiras anchas.

Cuele la pasta, vuelva a ponerla en la olla y déjela cocer a fuego medio. Añada el speck, el queso taleggio, la nata y las espinacas y remueva hasta que se haya fundido casi todo el queso. Eche una cantidad generosa de pimienta y sirva el plato inmediatamente, si lo desea, con un poco de parmesano rallado.

Para preparar fusilli con mozzarella y jamón, utilice 150 g de mozzarella en lugar de queso taleggio y sustituya el speck por 100 g de jamón de la Selva Negra. La mozzarella le dará al plato un sabor más suave que el taleggio.

pasta arrabiata con pan rallado con ajo

4-6 raciones
tiempo de preparación
  5 minutos
tiempo de cocción **30 minutos**

3 cucharadas de **aceite de oliva**
2 **chalotas**, finamente picadas
8 lonchas de **panceta sin
  ahumar**, picadas
2 cucharaditas de **chiles secos
  machacados**
500 g de **tomates troceados
  en lata**
400-600 g de **pasta seca**
  de su elección
sal y pimienta negra
ramitas de perejil, para decorar

para **«mollica» (migas de pan)**
4 rebanadas de **pan blanco**,
  sin corteza
125 g de **mantequilla**
2 **dientes de ajo**, finamente
  picados

Caliente el aceite en una olla a fuego medio, eche las chalotas y la panceta y sofríalas, removiendo con frecuencia, de 6 a 8 minutos, hasta que se doren. Añada los chiles y el tomate, tape parcialmente la olla y deje cocer a fuego lento durante 20 minutos, hasta que la salsa espese y se reduzca. Salpimiente.

Mientras, cueza la pasta en una olla grande con agua salada hirviendo, siguiendo las instrucciones del paquete, hasta que esté *al dente*.

Para preparar la «mollica», ponga el pan en un robot de cocina y hágalo migas. Derrita la mantequilla en una sartén a fuego medio-alto, añada las migas de pan y el ajo y fríalo todo, removiendo constantemente, hasta que las migas estén crujientes y doradas. No deje que se quemen, pues el plato se echaría a perder.

Cuele la pasta y mézclela con la salsa de tomate. Sírvala inmediatamente con un puñado de migas de pan con ajo y decórela con unas ramitas de perejil.

Para preparar arrabiata de pimiento, ase 3 pimientos rojos partidos por la mitad durante 10 minutos o hasta que las pieles se ennegrezcan. Retíreles la piel chamuscada y píquelos. Mézclelos con 250 g de tomates troceados y continúe como se indica en la receta.

pasta a la boloñesa clásica

4 raciones
tiempo de preparación
10 minutos
tiempo de cocción **4-6 horas**

25 g de **mantequilla sin sal**
1 cucharada de **aceite de oliva**
1 **cebolla** pequeña, finamente
   picada
2 **tallos de apio**, finamente
   picados
1 **zanahoria**, finamente picada
1 **hoja de laurel**
200 g de **ternera magra picada**
200 g de **carne de cerdo magra
   picada**
150 ml de **vino blanco seco**
150 ml de **leche**
una pizca generosa de **nuez
   moscada** recién rallada
2 × 400 g de **tomates
   troceados** en lata
400-600 ml de **caldo de pollo**
400 g de **fettuccine secos**
   o **fettuccine frescos caseros**,
   utilizando 1 masa de 3 huevos
   (*véase* pág. 10)
sal y pimienta negra
parmesano recién rallado,
   para servir

Derrita la mantequilla junto con el aceite a fuego lento en una cazuela grande de fondo grueso. Eche la cebolla, el apio, la zanahoria y la hoja de laurel y sofríalos, removiendo de vez en cuando, durante 10 minutos, hasta que se ablanden, pero sin que se doren. Añada la carne, salpimiente y cueza a fuego medio, sin dejar de remover, hasta que deje de estar rosada.

Riegue con el vino y lleve a ebullición. Deje cocer a fuego lento durante 15 minutos, hasta que se haya evaporado el vino. Añada, sin parar de remover, la leche y la nuez moscada y déjelas cocer a fuego lento otros 15 minutos, hasta que se haya evaporado la leche. Eche, removiendo constantemente, los tomates y cueza, con la cazuela destapada, a fuego muy lento entre 3 y 5 horas. La salsa quedará muy espesa, así que cuando empiece a pegarse, deberá ir añadiendo 100 ml del caldo, según sea necesario.

Cueza la pasta en una olla grande con agua salada hirviendo hasta que esté *al dente*, siguiendo las instrucciones del paquete si se utiliza pasta seca o durante 2 minutos si la pasta es fresca. Escurra bien y reserve 1 cucharada grande del agua de la cocción.

Vuelva a poner la pasta en la olla y déjela cocer a fuego lento. Añada la salsa y remueva durante 30 minutos. Vierta el agua reservada de la cocción y remueva hasta que la pasta esté bien impregnada de salsa y tenga una textura sedosa. Sirva inmediatamente con un poco de parmesano rallado.

Para preparar suculenta salsa boloñesa con hígado de pollo y carne de cerdo, corte en dados 100 g de hígado de pollo y 100 g de panceta y cuézalo junto con la cebolla, siguiendo el primer paso. Sustituya la ternera por 200 g de carne de cerdo picada y continúe como se indica en la receta.

orecchiette con brócoli y salchicha

4 raciones
tiempo de preparación
5 minutos
tiempo de cocción **15 minutos**

2 cucharadas de **aceite de oliva**
1 **cebolla**, finamente picada
200 g de **salchichas de cerdo italianas**
una pizca generosa de **chiles secos machacados**
300 g de **orecchiette secas**
200 g de **brócoli**, partido en ramilletes
40 g de **pecorino** recién rallado, más un poco para servir
sal

Caliente el aceite en una sartén a fuego lento, añada la cebolla y sofríala, removiendo de vez en cuando, de 6 a 7 minutos, hasta que se haya ablandado. Parta la salchicha y rómpala con un tenedor. Eche los trozos de salchicha y el chile a la sartén y suba el fuego a la mitad. Sofría, sin parar de remover, durante 4-5 minutos, hasta que la salchicha esté dorada.

Mientras, cueza la pasta y el brócoli en una olla grande con agua salada hirviendo siguiendo las instrucciones del paquete de pasta, hasta que ésta esté *al dente*. No se asuste si el brócoli empieza a romperse, ya que deberá quedar muy tierno.

Escurra la pasta y el brócoli y mézclelo con la salchicha en la sartén. Eche, sin parar de remover, el pecorino, y sirva el plato inmediatamente con el parmesano en un bol aparte.

Para preparar salsa de chorizo y coliflor, sustituya la salchicha de cerdo italiana por 200 g de chorizo en rodajas. Corte 250 g de coliflor en ramitas y cueza con la pasta como se indica en la receta.

bucatini con tomate, cebolla y panceta

4 raciones
tiempo de preparación
5 minutos
tiempo de cocción **1 hora**

1 cucharada de **aceite de oliva**
1 **cebolla**, finamente picada
125 g de **panceta**, cortada
    en dados
2 **dientes de ajo**, machacados
1 **chile rojo seco**, finamente
    picado
2 × 400 g de **tomates
    troceados** en lata
400 g de **bucatini secos**
parmesano recién rallado o
    pecorino, para servir (opcional)
sal y pimienta

Coloque el aceite, la cebolla y la panceta en una sartén
y sofríalas a fuego lento, remueva de vez en cuando, de
7 a 8 minutos, hasta que la cebolla esté blanda y la panceta
dorada. Añada el ajo y el chile y sofríalos, sin parar de remover,
1 minuto más, eche el tomate y mézclelo todo. Salpimiente
y lleve a ebullición. Baje el fuego y cueza a fuego muy lento
durante 40 minutos; añada un poco de agua si la salsa
empieza a pegarse. Si lo desea, se puede preparar la
salsa con antelación.

Cueza la pasta en una olla grande con agua salada hirviendo,
siguiendo las instrucciones del paquete, hasta que esté
al dente. Escúrrala y reserve 1 cucharada grande del agua
de la cocción. Vuelva a poner la pasta en la olla.

Si ya se ha preparado la salsa, caliéntela antes de añadirla
a la pasta. Remuévala a fuego medio para mezclarla; eche
el agua reservada de la cocción de la pasta, sin parar de
remover, hasta que la pasta quede impregnada de salsa
y tenga una textura sedosa. Sirva inmediatamente con
un poco de parmesano rallado o, si se desea, pecorino.

Para preparar bucatini con champiñones y nuez,
en lugar de panceta, utilice una cebolla más y 350 g de
champiñones. Corte los champiñones en dados y fríalos
con las cebollas hasta que se hayan encogido. Prepare el
resto de la salsa como se indica en la receta y sirva el plato
espolvoreado con parmesano o pecorino y 50 g de nuez
picada.

tagliatelle con pollo y estragón

4 raciones
tiempo de preparación
   15 minutos, más tiempo
   de adobado
tiempo de cocción
   10-15 minutos

3 **pechugas de pollo** sin piel
   y deshuesadas, unos 450 g,
   cortadas en tiras finas
1 **diente de ajo**, finamente
   picado
cáscara (limpia) finamente
   rallada y el **zumo de 1 limón**
1 cucharada de **aceite de oliva**
125 g de **habas congeladas**,
   descongeladas y peladas
250 ml de **crème fraîche**
2 cucharadas de **estragón**,
   cortado en trozos grandes
400 g de **tagliatelle secos**
   o **tagliatelle frescos caseros**,
   hechos con 1 masa de
   3 huevos (*véase* pág. 10)
sal y pimienta negra

Introduzca las tiras de pollo, el ajo y la mitad de la cáscara
y del zumo de limón en un bol no metálico y remuévalo todo
para que se empapen con el adobo. Cubra y deje adobar
durante 15 minutos en un lugar fresco.

Caliente el aceite en una sartén grande a fuego fuerte.
Salpimiente las pechugas, échelas a la sartén y remueva
durante 2 minutos. Añada las habas y remueva otro minuto
hasta que las pechugas estén hechas y doradas. Eche,
sin parar de remover, la *crème fraîche*, el estragón y el
resto de la cáscara y del zumo de limón. Salpimiente y retire
del fuego en cuanto la salsa empiece a hervir.

Cueza la pasta en una olla grande con agua salada hirviendo,
hasta que esté *al dente*, siguiendo las instrucciones del
paquete, si se utiliza pasta seca, o durante 2 minutos si
la pasta es fresca. Escúrrala bien y reserve 1 cucharada
grande del agua de la cocción.

Eche la pasta en la sartén y mézclela bien con la salsa
a fuego lento. Si la salsa se ha secado demasiado, añada
un poco del agua reservada de la cocción de la pasta
para darle una consistencia sedosa.

Para preparar tagliatelle con salmón y estragón, corte
en dados 400 g de filetes de salmón sin piel ni espinas
y utilícelos en lugar de pollo. Sustituya las habas por judías
verdes finas cortadas en trozos cortos y, en vez de estragón,
utilice 2 cucharadas de eneldo picado.

fettuccine con albóndigas de cerdo

6 raciones
tiempo de preparación
  20 minutos, más tiempo
  de refrigerado
tiempo de cocción **45 minutos**

400 g de **fettuccine o tagliatelle**
  secos
1 rebanada de **pan blanco**,
  sin corteza, desmenuzada
3 cucharadas de **leche**
300 g de **carne de cerdo picada**
1 **huevo**
½ **cebolla**, picada muy finamente
2 cucharadas de **perejil de hoja**
  plana picado
½ cucharadita de **sal**
4 cucharadas de **aceite de oliva**
1 **diente de ajo** machacado
2 × 400 g de **tomates**
  troceados en lata
100 g de **pimientos asados**
  envasados y escurridos,
  cortados en tiras
1 cucharada de **orégano seco**
una pizca generosa de **azúcar**
  blanco extrafino
sal y pimienta negra
aceite de oliva virgen extra,
  para servir

Para preparar las albóndigas, remueva el pan en la leche durante 5 minutos y estrújelo y desmenúcelo con las manos, vertiéndolo en un cuenco. Añada la carne de cerdo, el huevo, la cebolla y el perejil. Eche la sal y remuévalo; cuando esté todo bien mezclado, forme albóndigas pequeñas. Tápelas y refrigérelas durante al menos 20 minutos.

Mientras, para hacer la salsa, caliente a fuego lento la mitad del aceite de oliva en una cazuela ancha y después, añada el ajo y sofríalo, sin parar de remover, durante 1 minuto. Eche el tomate, los pimientos, el orégano y el azúcar y llévelo a ebullición. Baje el fuego y salpimiente. Tape la cazuela y déjelo cocer a fuego lento durante 10 minutos.

Caliente a fuego fuerte el resto del aceite de oliva en una sartén, agregue las albóndigas por tandas y espere a que se doren. Añádalas a la salsa. Vierta una taza de agua en la sartén, lleve a ebullición a fuego fuerte y raspe para despegar cualquier pedacito que se haya quedado pegado al fondo de la sartén. Eche a la salsa y cueza a fuego lento, con tapa, otros 20 minutos.

Cuando la salsa esté casi lista, cueza la pasta en una olla grande con agua salada hirviendo, siguiendo las instrucciones del paquete, hasta que esté *al dente*. Escúrrala bien y mézclela con la salsa. Sírvala con un chorrito de aceite de oliva virgen extra.

Para preparar ensalada verde mixta clásica, para servir con el fettuccine, corte 1 pimiento verde en rodajas y quítele las semillas, corte en tiras 2 corazones de lechuga romana, pique finamente 4 cebolletas, corte en rodajas ½ pepino y mezcle con 50 g de berros. Eche un chorrito de aceite de oliva y vinagre balsámico antes de servir.

farfalle con espárragos y tocino

4 raciones
tiempo de preparación
10 minutos
tiempo de cocción **15 minutos**

400 g de **espárragos**,
  recortados
1 **diente de ajo** grande,
  machacado
4 cucharadas de **aceite de oliva**
50 g de **parmesano** recién
  rallado
8 lonchas de **tocino entreverado**
  o **panceta**
400 g de **farfalle seco**
sal y pimienta negra
virutas de parmesano,
  para servir

Corte las puntas a los espárragos y resérvelas. Corte los tallos en trozos de 2,5 cm y blanquéelos en una olla con agua hirviendo durante 3-4 minutos, hasta que estén muy tiernos. Escúrralos e introdúzcalos en un robot de cocina junto con el ajo, el aceite y el parmesano. Haga una pasta suave y salpimiente.

Ponga las lonchas de tocino en una sola capa sobre una placa de horno y colóquelas en un grill caliente durante 5-6 minutos, hasta que estén doradas y crujientes. Pártalas en trozos de 2,5 cm.

Mientras, cueza la pasta en una olla grande con agua salada hirviendo, siguiendo las instrucciones del paquete, hasta que esté *al dente*, y eche las puntas de espárrago reservadas a la olla en los 3 últimos minutos de la cocción.

Cuele la pasta y mézclala en un bol con la salsa de espárragos. Esparza por encima el tocino crujiente y las virutas de parmesano y sirva inmediatamente.

Para preparar farfalle cremoso con calabacines y tocino, en lugar de puntas de espárrago, utilice calabacines pequeños cortados en rodajas y saltéelos en 25 g de mantequilla, mientras se hace la pasta y el tocino. Una vez hecha, mézclala con los calabacines y el tocino y 4 cucharadas de nata líquida.

fusilli con radicchio, speck y cebolla

4 raciones
tiempo de preparación
10 minutos
tiempo de cocción **25 minutos**

5 cucharadas de **aceite de oliva
virgen extra**, más un poco
para servir
1 **cebolla**, cortada en rodajas
finas
125 g de **lonchas de speck**
(jamón ahumado italiano),
cortadas en tiras
1 **diente de ajo**, cortado
en rodajas finas
200 g de **radicchio** (achicoria
roja), cortado en tiras
8 lonchas de **tocino entreverado**
o **panceta**
400 g de **fusilli seco**
sal y pimienta negra

Caliente el aceite a fuego lento en una sartén grande,
añada la cebolla y sofríala, remueva de vez en cuando,
de 6 a 7 minutos, hasta que se ablande. Suba el fuego
y eche el speck, el ajo y el radicchio. Siga removiendo
durante 4-5 minutos, hasta que el radicchio esté tierno,
y salpimiente.

Cueza la pasta en una olla grande con agua salada hirviendo,
siguiendo las instrucciones del paquete, hasta que esté
al dente. Escúrrala y reserve 1 cucharada grande del agua
de la cocción.

Baje el fuego de la sartén con el radicchio y los otros
ingredientes y eche la pasta. Mézclelo todo bien, añada
el agua reservada de la cocción de la pasta, sin parar
de remover, hasta que la pasta esté bien impregnada de
salsa y tenga una textura sedosa. Sirva inmediatamente
con un chorrito de aceite de oliva.

Para preparar pasta con verduras de primavera y jamón

fresco, sustituya el speck por 125 g de jamón fresco cortado
en dados y en lugar de radicchio utilice 200 g de verduras de
primavera cortadas en tiras. Siga como se indica en la receta
y échele 2 cucharadas de vinagre balsámico a la salsa antes
de servirla.

ragú de carne asada

4 raciones

tiempo de preparación
15 minutos, más tiempo
de refrigerado
tiempo de cocción
45-55 minutos

25 g de **mantequilla sin sal**
1 cucharada de **aceite de oliva**
1 **cebolla** pequeña, finamente
picada
1 **tallo de apio**, finamente picado
1 **zanahoria**, finamente picada
2 cucharadas de **tomillo** picado
un puñadito de **chiles secos
machacados**
2 **dientes de ajo**, machacados
300 g de **ternera, cordero,
carne de ave o cerdo asados**,
desmenuzados o en tiras
200 ml de **vino blanco seco**
400 g de **tomates** en lata
200 ml de **caldo de carne**
2 cucharadas de **perejil de hoja
plana** cortado en trozos grandes
cáscara (limpia) finamente
rallada de **1 limón**
2 cucharadas de **aceite de oliva
virgen extra**
400 g de **pappardelle secos** o
pappardelle frescos caseros,
hecha con 1 masa de 3 huevos
(*véase* pág. 10)
sal
parmesano recién rallado,
para servir (opcional)

Derrita la mantequilla junto con el aceite de oliva a fuego lento en una cazuela grande de fondo grueso. Añada la cebolla, el apio y la zanahoria y sofría, removiendo de vez en cuando, durante 10 minutos, hasta que se ablanden pero sin que se doren. Suba el fuego a fuerte y agregue el tomillo, los chiles, el ajo y la carne y remueva durante 30 segundos. Vierta el vino y ponga a ebullición fuerte 2 minutos. Eche el tomate y el caldo y sazone con sal.

Lleve a ebullición, baje el fuego y deje cocer a fuego lento, destapado, durante 30-35 minutos, hasta que espese. Retire del fuego y eche, sin parar de remover, el perejil, la cáscara de limón y el aceite de oliva virgen extra; tape mientras se cuece la pasta.

Cueza la pasta en una olla grande con agua salada hirviendo, hasta que esté *al dente*, siguiendo las instrucciones del paquete, si se utiliza pasta seca, o durante 2 minutos si la pasta es fresca. Escúrrala y vuelva a ponerla en la olla. Eche, sin parar de remover, la salsa de carne y, si es necesario, añada más aceite de oliva virgen extra. Sirva inmediatamente y, si lo desea, con un poco de parmesano rallado.

Para preparar ensalada sencilla de calabacín, como reconfortante acompañamiento, utilice 4 calabacines jóvenes y firmes rallados gruesos y mézclelos con 6 hojas de albahaca desmenuzadas, 1 cebolleta picada y un chorrito de aceite de oliva. Sirva la ensalada con gajos de limón.

rigatoni con speck, guisantes y menta

4 raciones
tiempo de preparación
10 minutos
tiempo de cocción **15 minutos**

25 g de **mantequilla sin sal**
2 cucharadas de **aceite de oliva**
2 **chalotas**, cortadas en trozos
   finos
100 g de **lonchas de speck**,
   cortadas en tiras
200 ml de **vino blanco seco**
400 g de **guisantes** pelados,
   descongelados si son
   congelados
2 cucharadas de **menta** cortada
   en trozos grandes, y unas
   cuantas hojas para decorar
400 g de **rigatoni secos**
sal y pimienta negra
virutas de **parmesano**,
   para servir

Derrita la mantequilla junto con el aceite a fuego medio en una sartén, añada las chalotas y sofríalas, removiendo de vez en cuando, durante 5 minutos. Agregue las tiras de speck, y remueva durante 2-3 minutos, hasta que estén crujientes. Eche el vino y deje cocer a fuego lento durante 2 minutos, hasta que la mezcla se haya reducido ligeramente.

Añada los guisantes y la menta durante 5 minutos si son guisantes frescos y durante 2 minutos si han sido descongelados; remueva de vez en cuando. Salpimiente.

Mientras, cueza la pasta en una olla grande con agua salada hirviendo, siguiendo las instrucciones del paquete, hasta que esté *al dente*. Cuélela rápidamente y échela en la sartén para mezclarla con los demás ingredientes. Sírvala inmediatamente con unas virutas de parmesano y decórela con hojas de menta.

Para preparar pasta con panceta, coles de Bruselas y menta, sustituya el speck por 100 g de panceta cortada en dados. Corte 200 g de coles de Bruselas en rodajas y cuézalas con la panceta durante 2 minutos antes de añadir el vino y, para terminar, siga como se indica en la receta.

penne con tomate y salchicha

4 raciones

tiempo de preparación
5 minutos

tiempo de cocción **45 minutos**

2 cucharadas de **aceite de oliva**

1 **cebolla** grande, finamente picada

250 g de **salchicha de cerdo italiana**

½ cucharadita de **semillas de hinojo**

1 **chile rojo seco**, finamente picado

1 **tallo de apio** entero

1 **hoja de laurel**

200 ml de **vino tinto**

625 g de **tomates troceados en lata**

4 cucharadas de **leche**

400 g de **penne** o **rigatoni secos**

sal

parmesano recién rallado o **pecorino**, para servir

Caliente el aceite en una sartén a fuego lento, añada la cebolla y sofríala, remueva de vez en cuando, de 6 a 7 minutos, hasta que se haya ablandado. Parta la salchicha y rómpala con un tenedor. Eche los trozos de salchicha, las semillas de hinojo y el chile a la sartén y suba a fuego medio. Sofríalo todo, sin parar de remover, durante 4-5 minutos, hasta que la salchicha esté dorada.

Añada el apio, la hoja de laurel y el vino y déjelo cocer a fuego lento hasta que se haya evaporado casi todo el vino. Eche, sin parar de remover, los tomates, sazone con sal y lleve a ebullición. Baje el fuego y cueza a fuego lento durante 25-30 minutos, hasta que espese. Vierta, removiendo constantemente, la leche y cocine a fuego lento otros 5 minutos. Saque el apio y la hoja de laurel.

Mientras, cueza la pasta en una olla grande con agua salada hirviendo, siguiendo las instrucciones del paquete, hasta que esté *al dente*.

Cuele la pasta y mézclala con la salsa. Sírvala inmediatamente con un poco de parmesano o pecorino rallado aparte.

Para preparar penne con berenjena, salchicha y aceitunas, recorte y corte en dados 1 berenjena y fríala en la sartén con la salchicha como se indica en la receta. Esparza por encima 25 g de aceitunas negras picadas antes de servir.

tagliatelle con salchichas y castañas

4 raciones
tiempo de preparación
10 minutos
tiempo de cocción
10-20 minutos

200 g de **salchicha de cerdo italiana**

75 g de **castañas en conserva o envasadas al vacío**, escurridas y cortadas en trozos gruesos

2 cucharadas de **tomillo** cortado en trozos grandes

200 ml de **nata**

400 g de **tagliatelle secos** o **tagliatelle frescos caseros**, hechos con 1 masa de 3 huevos (*véase* pág. 10)

50 g de **parmesano** recién rallado, más un poco para servir (opcional)

5 cucharadas de **leche**

sal y pimienta negra

una **ramita de tomillo fresco**, para servir

Parta la salchicha y rómpala con un tenedor. Caliente una sartén grande de fondo grueso a fuego lento, eche los trozos de salchicha y cuézala, sin parar de remover, hasta que estén ligeramente dorados. A medida que la grasa de las salchichas se vaya calentando, se derretirá y evitará que se peguen a la sartén.

Suba el fuego a fuerte y añada, sin parar de remover, las castañas y el tomillo. Siga removiéndolo durante 1-2 minutos para que las castañas adquieran cierto color y, después, vierta la nata y cocine a fuego lento 1 minuto hasta que espese un poco.

Cueza la pasta en una olla grande con agua salada hirviendo, hasta que esté *al dente*, siguiendo las instrucciones del paquete si se utiliza pasta seca o durante 2 minutos si es pasta fresca. Escúrrala bien y mézclela con la salsa en la sartén.

Cocine a fuego muy lento y añada el parmesano y la leche. Salpimiente y mezcle con cuidado hasta que la pasta esté bien impregnada de salsa. Sírvala inmediatamente y, si lo desea, con un poco de parmesano rallado.

Para preparar carne de salchicha picante (para utilizar en la receta en lugar de salchichas de cerdo italianas), mezcle un puñadito de virutas de chile seco, 2 dientes de ajo machacados, 1 cucharada de cilantro molido y 1 cucharada de semillas de hinojo molidas con carne de salchicha de cerdo corriente. Mézclelo todo bien, divida la carne en trozos y cocinela como se indica en la receta.

lasaña clásica de carne

6-8 raciones

tiempo de preparación
20 minutos, más tiempo
de reposo
tiempo de cocción
27-35 minutos

750 ml de **leche**
1 **hoja de laurel**
50 g de **mantequilla sin sal**
50 g de **harina**
una pizca generosa de **nuez
moscada** recién rallada
1 porción de **salsa boloñesa
clásica** (*véase* pág. 50)
250 g de **láminas de lasaña
secas** o **1 masa de 2 huevos**
(*véase* pág. 10), convertida
en láminas de lasaña
5 cucharadas de **parmesano**
recién rallado
sal y pimienta negra

Prepare la bechamel. Hierva la leche con la hoja de laurel a fuego
lento. Retírela del fuego, déjela reposar 20 minutos y cuélela.
Derrita la mantequilla a fuego muy lento en una cazuela
aparte. Añada la harina y cocine, sin parar de remover, durante
2 minutos, hasta que adquiera un color tostado claro. Retírela
del fuego y vaya echando poco a poco la leche que se ha dejado
reposar, sin dejar de remover. Vuelva a ponerla en el fuego y
cueza a fuego lento, sin dejar de remover, durante 2-3 minutos
hasta que quede cremosa.

Recaliente en una sartén pequeña o en el microondas la salsa
boloñesa, si se ha preparado antes. Mientras, cueza las láminas
de lasaña, por tandas, en agua salada hirviendo hasta que
estén *al dente*. Escúrralas, enfríelas con agua y colóquelas
sobre un paño de cocina para que se sequen bien.

Cubra el fondo de una fuente refractaria con ⅓ de la salsa
boloñesa, ponga una capa de láminas de lasaña por encima
y tape con la ½ salsa boloñesa restante y luego con ⅓ de
la bechamel. Repita con otra capa de láminas de lasaña, el resto
de la salsa boloñesa y la ½ de la bechamel restante. Cubra
con el resto de las láminas de lasaña, esparza por encima de
éstas con una cuchara la bechamel que queda y espolvoree
con parmesano. Introduzca en el horno precalentado a 220 °C,
7 si es de gas, y deje durante 20 minutos, hasta que se dore.

Para preparar lasaña de salchicha y dos quesos,

sustituya la salsa boloñesa por 1 porción de salsa de tomate
y salchicha (*véase* pág. 68). En lugar de bechamel, utilice 200 g
de queso fontina salpicado sobre la salsa de tomate. Cubra
la lasaña con 250 g de mozzarella troceada, vierta por encima
4 cucharadas de leche y prepare como se indica en la receta.

pasta a la carbonara rápida

4 raciones
tiempo de preparación
10 minutos
tiempo de cocción **10 minutos**

400 g de **espaguetis secos**
u **otra pasta larga y fina**
2 cucharadas de **aceite de oliva**
200 g de **panceta**, cortada
en dados
3 **huevos**
4 cucharadas de **parmesano**
recién rallado
3 cucharadas de **perejil de hoja**
plana picado
3 cucharadas de **nata líquida**
sal y pimienta negra

Cueza la pasta en una olla grande con agua salada hirviendo siguiendo las instrucciones del paquete hasta que esté *al dente*.

Mientras, caliente el aceite a fuego medio en una sartén antiadherente grande, añada la panceta y fríala, remueva con frecuencia, durante 4-5 minutos, hasta que esté crujiente.

Bata los huevos junto con el parmesano, el perejil y la nata en un bol. Salpimiente y reserve.

Cuele la pasta y añádala a la panceta. Remuévalas a fuego lento hasta que estén bien mezcladas y eche el huevo batido. Remuévalo todo y retíre la sartén del fuego. Siga removiendo unos segundos más, hasta que los huevos estén cremosos y ligeramente cocidos. Sirva inmediatamente.

Para preparar carbonara con champiñones, añada 100 g de champiñones cortados en rodajas junto con panceta y siga como se indica en la receta.

lasaña de champiñones y jamón de Parma

8 raciones

tiempo de preparación
25 minutos, más tiempo de remojo y reposo
tiempo de cocción
35-40 minutos

20 g de **porcini secos**
750 ml de **leche**
1 **hoja de laurel**
1 **cebolla** pequeña, cortada en cuatro partes
125 g de **mantequilla sin sal**
30 g de **harina**
175 ml de **nata líquida**
¼ de cucharadita de **nuez moscada** recién rallada
200 g de **jamón de Parma**, 4 lonchas enteras, el resto partido en tiras
3 cucharadas de **aceite de oliva**
325 g de **champiñones Portobello** troceados
50 ml de **vino blanco seco**
250 g de **láminas de lasaña secas**
5 cucharadas de **parmesano** recién rallado
sal y pimienta negra

Ponga a remojar los porcini en un poco de agua hirviendo durante 30 minutos. Mientras, hierva a fuego lento la leche junto con la cebolla y la hoja de laurel. Retírela del fuego y déjela reposar 20 minutos. Escúrrala y derrita 50 g de mantequilla en una cazuela a fuego muy lento. Añada la harina y cocínelo todo, removiéndolo sin parar, durante 2 minutos, hasta que adquiera un color tostado claro. Retírelo del fuego y eche la leche sin dejar de remover para que no queden grumos. Vuelva a ponerla en el fuego y cocínela a fuego lento, sin parar de remover, durante 2-3 minutos, hasta que la salsa quede cremosa. Agregue la nata, la nuez moscada y las tiras de jamón y salpimiente.

Escurra los porcini, reserve el agua de remojo, y trocéelos. Caliente el aceite a fuego fuerte en una sartén, eche todos los champiñones y sofríalos 1 minuto. Vierta el agua de remojo y el vino y lleve a ebullición a fuego fuerte hasta que se absorba el líquido. Sazone y mezcle con la salsa.

Cueza las láminas de lasaña, por tandas, en agua salada según las instrucciones del paquete, hasta que estén *al dente*. Enfríelas con agua y colóquelas sobre un paño de cocina para que se sequen bien.

Unte ligeramente con mantequilla una fuente refractaria. Cubra el fondo de la fuente con una capa de láminas de lasaña. Eche una cuarta parte de la salsa por encima. Vierta una cuarta parte de la mantequilla restante y espolvoree con 1 cucharada de parmesano. Repita y, por último, esparza una capa de salsa y eche por encima de ésta las lonchas de jamón y el resto de la mantequilla y del parmesano. Introduzca la lasaña en el horno precalentado a 220 °C, 7 si es de gas, y déjela durante 20 minutos, hasta que se dore.

gnocchi con fontina, panceta y salvia

4 raciones
tiempo de preparación
   2 minutos
tiempo de cocción **20 minutos**

15 g de **mantequilla sin sal**
125 g de **panceta**, cortada
   en dados
200 ml de **nata espesa**
6 **hojas de salvia**, cortadas
   en tiras finas
75 g de **queso fontina**, cortado
   en dados
4 cucharadas de **parmesano**
   recién rallado
500 g de **gnocchi comprados o
   1 porción de clásicos gnocchi
   de patata** (*véase* pág. 218)
sal y pimienta negra

Derrita la mantequilla a fuego lento en una sartén grande,
añada la panceta y sofríala, remueva de vez en cuando,
de 10 a 12 minutos, hasta que esté crujiente.

Añada, sin parar de remover, la nata y la salvia. Suba el fuego
y lleve a ebullición. Deje que hierva hasta que espese un poco.
Eche, sin dejar de remover, el queso fontina y el parmesano
y retire la sartén del fuego. Siga removiendo hasta que
se haya derretido casi todo el queso y salpimiente.

Cueza los gnocchi en una olla grande con agua salada
hasta que suban a la superficie, siguiendo las instrucciones
del paquete si los gnocchi ya están preparados, o durante
3-4 minutos si están hechos en casa. Escúrralos bien
y mézclelos con la salsa. Sirva inmediatamente.

**Para preparar gnocchi con quesos variados y hierbas
aromáticas**, no utilice mantequilla ni panceta ni salvia;
lleve la nata a ebullición y añada, sin parar de remover, el
queso fontina, el parmesano y 200 g de *dolcelatte* cortado
en dados. Retírelos del fuego una vez derretidos y eche,
sin dejar de remover, 2 cucharadas de cebollinos y 2 cucharadas
de perejil de hoja plana. Sazone y mezcle con los gnocchi.

albóndigas de ternera con cintas de pasta

4 raciones
tiempo de preparación
20 minutos
tiempo de cocción **1 hora**
y 20 minutos

400 g de **tagliatelle o fettuccine secos**
2 rebanadas de **pan duro**, sin corteza, desmenuzadas
75 ml de **leche**
4 cucharadas de **aceite de oliva**
6 **cebolletas** o 1 **cebolla pequeña**, finamente picada
1 **diente de ajo**, picado
750 g de **ternera picada**
2 cucharadas de **parmesano** recién rallado, más un poco para servir
una pizca de **nuez moscada** recién rallada
300 ml de **vino blanco seco**
400 g de **tomates troceados** en lata
2 **hojas de laurel**
sal y pimienta negra
hojas de albahaca, para decorar

Para preparar las albóndigas, remoje el pan en la leche en un cuenco grande. Mientras se remoja, caliente la mitad del aceite a fuego medio en una sartén, añada las cebolletas o la cebolla y el ajo y sofríalas, removiendo con frecuencia, durante 5 minutos, hasta que se ablanden y empiecen a dorarse.

Añada la carne picada al pan y mézclela bien. Agregue la cebolla y el ajo sofritos, el parmesano y la nuez moscada y salpimiente. Amase hasta que quede todo bien mezclado y liso. Forme 28 bolas del mismo tamaño. Caliente el resto del aceite en una sartén antiadherente grande y cocine las albóndigas, por tandas, a fuego vivo, dándoles la vuelta con frecuencia, hasta que se doren. Colóquelas en una fuente refractaria poco profunda.

Vierta el vino y el tomate en la sartén y lleve a ebullición; pase la paleta para despegar cualquier pedacito que se haya quedado pegado al fondo de la sartén. Eche las hojas de laurel, salpimiente y lleve a ebullición a fuego fuerte durante 5 minutos. Vierta la salsa sobre las albóndigas, cúbralas con papel de aluminio y colóquelas en el horno precalentado a 180 °C, 4 si es de gas, durante 1 hora o hasta que estén tiernas.

Cuando las albóndigas y la salsa estén casi listas, cueza la pasta en una olla grande con agua salada hirviendo, siguiendo las instrucciones del paquete, hasta que esté *al dente*. Escúrrala bien y sírvala con la salsa y las albóndigas. Adorne el plato con hojas de albahaca y un poco de parmesano.

Para preparar albóndigas de cerdo con nueces,
sustituya la ternera por 750 g de carne de cerdo picada. Muela 100 g de nueces de nogal y agregue a la carne picada, sin parmesano, y siga como se indica en la receta.

tortellini con salsa cremosa de jamón y guisantes

4 raciones
tiempo de preparación
  2 minutos
tiempo de cocción **8-12 minutos**

15 g de **mantequilla sin sal**

150 g de **guisantes** pelados, descongelados si son congelados

75 g de **jamón**, cortado en tiras

300 g de **_crème fraîche_**

una pizca generosa de **nuez moscada** recién rallada

500 g de **tortellini frescos de ricotta y espinacas** o **de carne**

40 g de **parmesano** recién rallado, más un poco para servir

Derrita la mantequilla a fuego medio en una sartén grande hasta que empiece a crepitar. Añada los guisantes y el jamón y cocínelo todo, sin parar de remover, durante 3-4 minutos si se utilizan guisantes frescos y durante 1 minuto si se han descongelado.

Añada, removiendo frecuentemente, la _crème fraîche_, eche la nuez moscada y salpimiente. Lleve a ebullición y deje hervir 2 minutos, hasta que espese.

Cueza los tortellini en una olla grande con agua salada hirviendo siguiendo las instrucciones del paquete, hasta que estén _al dente_. Cuélelos y eche en la salsa cremosa junto con el parmesano y mézclelo todo. Remueva cuidadosamente para mezclarlos bien y sírvalos inmediatamente con un poco de parmesano.

Para preparar tortellini con beicon y calabacines, sustituya el jamón por la misma cantidad de tiras de beicon y frialas durante 4 minutos. Después, en lugar de guisantes, añada 200 g de calabacines troceados y siga como se indica en la receta.

pappardelle con prosciutto y porcini

4 raciones
tiempo de preparación
   10 minutos
tiempo de cocción **6-10 minutos**

400 g de **pappardelle secos**
   o **pappardelle frescos**
   caseros, hechos con 1 masa
   de 3 huevos (*véase* pág. 10)
2 cucharadas de **aceite de oliva**
1 **diente de ajo**, machacado
250 g de **porcini frescos**,
   cortados en rodajas
250 g de lonchas de **prosciutto**
150 ml de **nata para montar**
un puñado de **perejil de hoja**
   plana, picado
75 g de **parmesano**
   recién rallado
sal y pimienta negra

Cueza la pasta en una olla grande con agua salada hirviendo, hasta que esté *al dente*, siguiendo las instrucciones del paquete, si se utiliza pasta seca, o durante 2-3 minutos si es pasta fresca.

Mientras, caliente el aceite a fuego medio en una cazuela, agregue el ajo y los porcini y cocínelo todo, remueva con frecuencia, durante 4 minutos. Corte el prosciutto en tiras y trate de mantenerlas separadas. Añádalo a los porcini junto con la nata y el perejil, y salpimiente. Lleve a ebullición, baje el fuego y cuézalos a fuego lento 1 minuto.

Cuele la pasta, añádala a la salsa y mezcle bien con 2 cucharas para que se mezcle de manera uniforme. Espolvoree con parmesano y sirva el plato inmediatamente.

Para preparar espaguetis con porcini secos y piñones, deje 125 g de porcini secos en remojo, con suficiente agua caliente para cubrirlos, durante 15 minutos, para rehidratarlos. Escúrralos, reserve el agua, séquelos cuidadosamente con papel de cocina y fríalos como se indica en la receta. Cuando se hayan sofrito los porcini, como se indica en la receta, añada el agua reservada de la cocción en la cazuela y deje que hiervan hasta que casi se haya evaporado el líquido. Eche, sin dejar de remover, el prosciutto y la nata, según las instrucciones de la preparación. Tueste 2 cucharadas de piñones en el horno y agréguelos a la salsa antes de mezclarla con los espaguetis ya hechos.

pescado
y marisco

conchiglie con atún, roqueta y limón

4 raciones
tiempo de preparación
10 minutos, más tiempo
de adobado
tiempo de cocción
10-12 minutos

300 g de **atún de lata** en aceite
de oliva, escurrido
4 cucharadas de **aceite de oliva
virgen extra**, más un poco
para echar por encima
cáscara (limpia) finamente
rallada **de 1 limón**
2 **dientes de ajo**, machacados
1 **cebolla roja** pequeña, cortada
en rodajas muy finas
2 cucharadas de **perejil de hoja
plana**, picado grueso
375 g de **conchiglie rigate
secos**
75 g de **roqueta salvaje**
sal y pimienta negra

Escurra el atún y póngalo en un bol grande. Rómpalo
con un tenedor y añada los demás ingredientes (salvo la pasta
y la roqueta) y mézclelo todo. Salpimiente, tape y deje en
un lugar fresco durante al menos 30 minutos para que
se combinen los sabores.

Mientras, cueza la pasta en una olla grande con agua salada
hirviendo, siguiendo las instrucciones del paquete, hasta que
esté *al dente*.

Cuele la pasta y mézclela con el atún en adobo y la roqueta.
Sírvala inmediatamente junto con la botella de aceite de oliva
virgen extra para que quien lo desee pueda echarle un poco
a su plato.

Para preparar conchiglie con salmón ahumado y berros,
sustituya el atún por 200 g de salmón ahumado cortado en
tiras delgadas. Utilice 75 g de berros cortados gruesos
en lugar de roqueta.

espaguetis con tomates y anchoas

4 raciones
tiempo de preparación
10 minutos
tiempo de cocción **1 hora
y 45 minutos**

500 g de **tomates cherry**,
partidos por la mitad
75 ml de **aceite de oliva virgen
extra**
2 **dientes de ajo**, picados
gruesos

400 g de **espaguetis secos**
50 g de **migas de pan blanco**
8 **filetes de anchoa** en aceite,
escurridos, lavados, secados
cuidadosamente y cortados
en trozos grandes
sal y pimienta negra

Disponga los tomates, con el lado cortado hacia arriba,
en una sola capa dentro de un molde para hornear forrado
con papel encerado. Eche un chorrito de aceite y la mitad
del ajo. Sazone con un poquito de sal y pimienta y áselos
en el horno precalentado a 120 °C, ½ si es de gas,
durante 1 hora y 30 minutos.

Cueza la pasta en una olla grande con agua salada hirviendo,
según las instrucciones del paquete, hasta que esté
al dente, y cuélela.

Mientras, caliente el resto del aceite a fuego fuerte
en una sartén grande. Eche las migas de pan y el resto del
ajo y fríalos, sin dejar de remover, hasta que estén doradas
y crujientes. Retírelas del fuego y agregue, removiendo, las
anchoas, los tomates asados y, una vez hecha, la pasta.

Cocine, sin parar de remover, a fuego lento durante
30 segundos, hasta que la pasta quede impregnada de salsa.
Sirva el plato inmediatamente.

**Para preparar espaguetis con tomates secados
al sol y aceitunas**, utilice 150 g de tomates secados al sol
(semisecos) en lugar de tomates asados caseros. Caliéntelos
en el aceite de oliva 1-2 minutos antes de freir las migas
de pan. Sustituya las anchoas por 50 g de aceitunas
cortadas en rodajas.

pasta con rape y mejillones

4-6 raciones
tiempo de preparación
20 minutos
tiempo de cocción **45 minutos**

500 g de **cola de rape**
4 cucharadas de **aceite de oliva**
1 **cebolla**, finamente picada
4 **dientes de ajo**, finamente
picados
500 g de **tomates maduros**,
pelados, sin semillas
y troceados
¼ de cucharadita de **hebras
de azafrán**
1,8 l de **caldo de pescado**
375 g de **fideos secos**
1 kg de **mejillones vivos**, limpios
(*véase* pág. 120)
sal y pimienta negra
mayonesa con ajo, para servir

Lave y seque la cola de rape y, con un cuchillo afilado,
córtelo en trozos grandes.

Caliente la mitad del aceite a fuego lento en una cazuela
y agregue la cebolla, el ajo y los tomates y cuézalo todo,
removiéndolo de vez en cuando, durante 10 minutos. Eche el
rape, las hebras de azafrán y el caldo y lleve a ebullición. Baje
el fuego y cocínelo todo a fuego lento durante 5 minutos.
Saque el pescado con una espumadera y déjelo reposar.
Cueza el caldo a fuego lento otros 25 minutos.

Mientras, caliente el resto del aceite a fuego medio en una
cazuela resistente al fuego. Añada la pasta y cocínela, sin
parar de remover, durante 5 minutos, hasta que se dore.

Vaya echando y mezclando poco a poco el caldo de tomate
y cocine a fuego lento, sin dejar de remover, hasta que la pasta
esté hecha. Incorpore los mejillones, remueva bien y añada
el rape. Cocine otros 5-6 minutos hasta que los mejillones
se hayan abierto y el rape esté cocido. Salpimiente y sirva
el plato con mayonesa con ajo.

Para preparar pasta con marisco, sustituya el rape por
750 g de almejas vivas y 500 g de calamares limpios cortados
en aros. Añádalos a los mejillones y siga como se indica en
la receta. Sirva el plato con una mayonesa con ajo a la que
se le habrá añadido una pizca generosa de chile molido
y pimentón.

linguine con gambas, chile y limón

4 raciones
tiempo de preparación
15 minutos
tiempo de cocción
10-12 minutos

375 g de **linguine** o **espaguetis
secos**
1 cucharada de **mantequilla**
1 cucharada de **aceite de oliva**
1 **diente de ajo**, finamente
picado
2 **cebolletas**, cortadas
en rodajas finas
2 **chiles secos frescos**, sin
semillas y finamente picados
425 g de **gambas crudas
grandes**, peladas y con cola
2 cucharadas de **zumo de limón**
2 cucharadas de **hojas
de cilantro**, finamente
picadas, más unas cuantas
hojas para decorar
sal y pimienta negra

Cueza la pasta en una olla grande con agua salada hirviendo,
siguiendo las instrucciones del paquete, hasta que esté
al dente, y cuélela.

Mientras, derrita la mantequilla junto con el aceite a fuego
medio en una sartén grande y eche el ajo, las cebolletas
y los chiles y sofríalo todo, removiéndolo, durante 2-3 minutos.
Suba el fuego, añada las gambas y cocínelas, sin dejar de
remover, durante 3-4 minutos o hasta que éstas adquieran
un tono rosado y estén un poco cocidas. Agregue, removiendo,
el zumo de limón y el cilantro, y retírelas del fuego.

Escurra bien la pasta y añada las gambas y los demás
ingredientes. Salpimiente generosamente y remueva. Sirva
el plato inmediatamente, adornado con hojas de cilantro.

Para preparar pasta con calamares, chile y limón, sustituya
las gambas crudas por 425 g de calamares limpios (*véase*
pág. 98). Corte los calamares por un lado y colóquelos
planos. Márquelos con una cruz y cocínelos, sin parar de
remover, durante 1-2 minutos, hasta que estén cocidos.

fusilli con sardinas picantes

4 raciones
tiempo de preparación
  10 minutos
tiempo de cocción **35 minutos**

4 cucharadas de **aceite de oliva**
1 **cebolla**, finamente picada
30 g de **pasas**
30 g de **piñones**
cáscara de 1 naranja pequeña,
  finamente cortada
cáscara (limpia) **de 1 limón**,
  finamente cortada
1 cucharada de **eneldo**, picado
  grueso
1 cucharada de **semillas
  de hinojo**
1 **chile rojo seco**, finamente
  troceado
2 **dientes de ajo**, pelados
150 ml de **vino blanco seco**
400 g de **fusilli secos**
75 g de **migas de pan blanco
  o moreno fresco**
325 g de **filetes de sardina
  fresca**, cortados gruesos
3 cucharadas de **perejil de hoja
  plana**, cortado grueso

Ponga la mitad del aceite en una sartén grande de fondo grueso y añada, removiendo, la cebolla, las pasas y los piñones. Añada las cáscaras de naranja y limón, el eneldo, las semillas de hinojo y el chile y cocínelo todo a fuego muy lento. Haga una incisión en los dientes de ajo con un cuchillo grande y agréguelos a la sartén. Cocine, removiendo de vez en cuando, de 12 a 15 minutos, hasta que la cebolla esté dorada y caramelizada. Vierta el vino y lleve a ebullición a fuego fuerte durante 2 minutos.

Cueza la pasta en una olla grande con agua salada hirviendo, siguiendo las instrucciones del paquete, hasta que esté *al dente*. Cuélela y reserve una cucharada grande del agua de la cocción.

Mientras, esparza las migas de pan en una placa de horno grande y riéguelas con el resto del aceite. Tuéstelas en el horno precalentado a 220 °C, 7 si es de gas, durante 4-5 minutos, hasta que se doren.

Suba el fuego de la sartén a fuerte, eche las sardinas y cocínelas, removiendo, 1-2 minutos, hasta que queden de color opaco. Añada la pasta y remueva hasta que los ingredientes estén bien mezclados. Añada el agua reservada de la cocción de la pasta y siga removiendo hasta que la pasta quede impregnada de salsa y tenga una textura sedosa. Retírela del fuego y agregue, removiendo de vez en cuando, las migas de pan tostadas y el perejil. Sirva inmediatamente.

Para preparar fusilli con pez espada, utilice 325 g de filetes de pez espada en lugar de sardinas y córtlos en dados. Sustituya las migas de pan por 75 g de pan hogaza de textura espesa cortado en dados.

espaguetis con calamares, tomate y chile

4 raciones
tiempo de preparación
  20 minutos
tiempo de cocción **20 minutos**

1 kg de **calamares crudos**
4 cucharadas de **aceite de oliva virgen extra**, más un poco para servir
1 **chile rojo fresco**, cortado en aros finos
500 g de **tomates cherry**, partidos por la mitad
100 ml de **vermut seco**
400 g de **espaguetis secos**
15 g de **hojas de albahaca**
1 **diente de ajo**, finamente picado
cáscara (limpia) rallada **de ½ limón**
sal

Limpie los calamares bajo el grifo con agua fría. Retire los tentáculos (las vísceras saldrán fácilmente). Saque el cartílago transparente de la cavidad corporal, limpie bien el cuerpo y arranque la membrana rosada. Corte entre los tentáculos y la cabeza, deseche la cabeza y las vísceras. Corte los cuerpos de calamar limpios en aros y séquelos bien con papel de cocina. Tápelos y déjelos en la nevera hasta que sean necesarios.

Caliente el aceite a fuego vivo en una sartén grande, eche el chile y los tomates y sazone con sal. Cocínelo todo, removiendo de vez en cuando, durante 5-6 minutos, hasta que los tomates empiecen a ablandarse y a ennegrecerse un poco. Añada el vermut y lleve a ebullición, a fuego fuerte, durante 2 minutos.

Cueza la pasta en una olla grande con agua salada hirviendo, siguiendo las instrucciones del paquete, hasta que esté *al dente*, y cuélela.

Cuando la pasta esté casi lista, hierva la salsa de tomate y añada, sin dejar de remover, los calamares, el ajo y la cáscara de limón. Cocínelo todo, removiéndolo, 1 minuto y eche la pasta y mezcle los demás ingredientes. Sírvala inmediatamente con unas hojas de albahaca por encima.

Para preparar pasta con pescado blanco y guisantes, prepare 500 g de pescado blanco como, por ejemplo, merluza, retirando la piel y las espinas. Haga la salsa de tomate como se indica en la receta y añada a la sartén 50 g de guisantes frescos pelados o guisantes descongelados justo antes de verter el vermut; deje hervir durante 2 minutos. Eche el pescado, junto con la albahaca, el ajo y la cáscara de limón y cocínelo todo a fuego lento 2-3 minutos.

pasta picante con atún, tomate y aceitunas

4 raciones

tiempo de preparación
10 minutos

tiempo de cocción
10-12 minutos

400 g de **penne o rigatoni secos**

2 cucharadas de **aceite de oliva virgen extra**, más un poco para servir

2 **dientes de ajo**, finamente cortados

una pizca generosa de **chiles secos machacados**

400 g de **tomates maduros**, cortados en trozos grandes

50 g de **aceitunas negras deshuesadas**, troceadas

1 cucharada de **tomillo** cortado grueso

300 g de **atún de lata** en aceite de oliva, escurrido

sal y pimienta negra

Cueza la pasta en una olla grande con agua salada hirviendo, siguiendo las instrucciones del paquete, hasta que esté *al dente*.

Mientras, caliente el aceite a fuego medio en una sartén grande y eche el ajo, los chiles, los tomates, las aceitunas y el tomillo. Lleve a ebullición y cocine a fuego lento 5 minutos. Desmenuce el atún con un tenedor y añádalo, removiéndolo, a la salsa. Cocínelo a fuego lento otros 2 minutos y salpimiente.

Cueza la pasta y mézclala con la salsa. Sírvala inmediatamente junto con la botella de aceite de oliva virgen extra para que quien lo desee pueda echarle un poco a su plato.

Para preparar salsa con atún fresco, corte 300 g de filetes de atún en tiras y salpimiente. Saltéelo en aceite de oliva 2 minutos antes de añadir los demás ingredientes y cocínelo 5 minutos.

espaguetis con espárragos y anchoas

4 raciones
tiempo de preparación
10 minutos
tiempo de cocción
10-12 minutos

375 g de **espaguetis secos**
375 g de **espárragos**,
recortados y cortados
en trozos de 7 cm
5 cucharadas de **aceite de oliva**
50 g de **mantequilla**
½ cucharada de **chiles secos
machacados**
2 **dientes de ajo**, cortados
en rodajas
50 g de **filetes de anchoa** en
aceite, escurridos y cortados
en trozos pequeños
2 cucharadas de **zumo de limón**
75 g de virutas de **parmesano**
sal

Cueza la pasta en una olla grande con agua salada hirviendo, siguiendo las instrucciones del paquete, hasta que esté *al dente*.

Mientras, disponga los espárragos en una bandeja de horno, rocíelos con aceite y reparta la mantequilla. Esparza los chiles, el ajo y las anchoas por encima e introdúzcalos en el horno precalentado a 200 °C, 6 si es de gas, y déjelos durante 8 minutos, hasta que estén tiernos.

Coloque los espárragos y el jugo de la bandeja de horno en un bol. Cuele la pasta y póngala en el bol y mézclele con los demás ingredientes. Exprima el zumo del limón por encima y sazone con sal. Sirva inmediatamente con unas virutas de parmesano.

Para preparar espaguetis con pimientos asados

y anchoas, sustituya los espárragos por 2 pimientos rojos sin semillas, cortados en tiras. Áselos en el horno y siga como se indica en la receta. Sírvalos con parmesano.

linguine con lubina y tomate

4 raciones
tiempo de preparación
10 minutos
tiempo de cocción **30 minutos**

2 **dientes de ajo**, pelados
4 cucharadas de **aceite de oliva virgen extra**
¼ de cucharadita de **chiles secos machacados**
700 g de **tomates maduros**, cortados en trozos grandes
125 ml de **vino blanco seco**
400 g de **linguine seco**
375 g de **filetes de lubina**, sin piel y cortados en tiras delgadas
3 cucharadas de **perejil de hoja plana**, picado grueso
sal

Practique una incisión en los dientes de ajo con un cuchillo grande, caliente el aceite a fuego lento en una sartén grande y eche el ajo y los chiles y fríalos, removiendo de vez en cuando, durante 10 minutos. Si el ajo empieza a adquirir color, retire la sartén del fuego y deje que los sabores se fundan en la sartén.

Añada los tomates y el vino, sazone con un poco de sal y lleve a ebullición. Baje el fuego a la mitad y cocine durante 12-15 minutos, hasta que espese.

Mientras, cueza la pasta en una olla grande con agua salada hirviendo, siguiendo las instrucciones del paquete, hasta que esté *al dente*.

Cuando la pasta esté casi lista, añada la lubina y el perejil a la salsa de tomate y cocínela 2 minutos, hasta que el pescado quede de color opaco.

Cuele la pasta y reserve una cucharada grande del agua de la cocción. Eche la pasta en la salsa y cocínela, removiendo, 30 segundos. Agregue el agua reservada de la cocción de la pasta y siga removiendo hasta que la pasta quede impregnada de salsa. Sirva inmediatamente.

Para preparar linguine con gambas y salmón ahumado, en lugar de lubina, utilice 250 g de gambas cocidas peladas y 100 g de salmón ahumado cortado en tiras finas. Descongele las gambas si son congeladas y caliéntelas a fuego lento junto con la salsa durante 2 minutos. Añada el salmón ahumado y retire del fuego. No conviene echarle sal a este plato antes de servirlo, ya que el salmón ahumado es bastante salado.

lasaña de atún y roqueta

4 raciones
tiempo de preparación
10 minutos
tiempo de cocción **10 minutos**

8 láminas de **lasaña secas**
1 cucharada de **aceite de oliva**
1 manojo de **cebolletas**,
cortadas en rodajas
2 **calabacines**, cortados
en dados
500 g de **tomates cherry**,
cortados en cuatro
2 × 200 g latas de **atún** en agua,
escurrido
65 g de **roqueta salvaje**
4 cucharaditas de **pesto verde**
comprado
pimienta negra
hojas de albahaca, para decorar

Cueza las láminas de lasaña, por tandas, en una olla grande
con agua salada hirviendo, siguiendo las instrucciones
del paquete, hasta que estén *al dente*. Escúrralas y vuelva
a ponerlas en la olla para que conserven el calor.

Mientras, caliente el aceite a fuego medio en una sartén,
eche las cebolletas y los calabacines y cocínelos, removiendo
constantemente, durante 3 minutos. Retírelos del fuego
y añada los tomates, el atún y la roqueta y mézclelos
con cuidado.

Ponga un poco del atún mezclado con los demás ingredientes
en 4 platos y cúbralos con una lámina de lasaña. Esparza
por encima con una cuchara el resto del atún mezclado con los
demás ingredientes y cúbralos con el resto de las láminas de
lasaña. Sazone con abundante pimienta y eche una cucharada
de pesto y unas cuantas hojas de albahaca antes de servir.

Para preparar lasaña de salmón, utilice 400 g de filetes de
salmón. Saltéelos de 2 a 3 minutos por ambos lados (según
el grosor) y retire las espinas y la piel; desmenúcelos y añádalos
en lugar de atún. Para una comida especial, sirva este plato
con pesto de albahaca clásico (*véase* pág. 158), en lugar
de pesto comprado.

linguine con almejas

4 raciones
tiempo de preparación
20 minutos
tiempo de cocción **25 minutos**

2 cucharadas de **aceite de oliva**
2 **dientes de ajo**, cortados
   en rodajas finas
½ **chile rojo seco**, picado
350 g de **linguine seco**
1 kg de **almejas vivas**, limpias
   (*véase* pág. 120)
2 cucharadas de **perejil de hoja
   plana**, picado grueso
sal
aceite de oliva virgen extra,
   para servir (opcional)

Caliente el aceite a fuego lento en la sartén más grande
que tenga o en un wok. Añada el ajo y el chile y deje reposar
10 minutos para que los sabores se fundan. Si el ajo empieza
a adquirir color, retire la sartén del fuego y deje reposar
para que los sabores se amalgamen en la sartén.

Cueza la pasta en una olla grande con agua salada hirviendo,
siguiendo las instrucciones del paquete, hasta que esté
al dente.

Mientras, suba el fuego de la sartén, eche las almejas y
cocínelas, sin parar de remover, hasta que se abran (esto no
debería tardar más de 4-5 minutos). Asegúrese de cocer las
almejas y la pasta al mismo tiempo para que no se pasen.

Cuele la pasta y reserve una cucharada grande del agua de
la cocción. Añada, removiendo de vez en cuando, la pasta,
el agua reservada de la cocción y el perejil a las almejas y
mézclelo todo sobre el fuego durante 30 segundos para que
todos los sabores se mezclen. Sirva el plato inmediatamente,
si lo desea, con un chorrito de aceite de oliva virgen extra.

Para preparar pan con tomate y hierbas aromáticas,
como acompañamiento a la pasta, mezcle 2 cucharadas de
concentrado de tomates secados al sol, 3 cucharadas
de aceite de oliva y 1 cucharadita de orégano seco
y 1 cucharadita de romero. Unte con la mezcla una focaccia
grande y espolvoree con 1 cucharada de parmesano
recién rallado. Cocine en el horno precalentado a 180 °C,
4 si es de gas, de 6 a 8 minutos o hasta que esté caliente.
Échele un chorrito de aceite de oliva virgen extra y córtelo
en cuadrados para servir.

garganelli con salmonetes
y jamón de Parma

4 raciones
tiempo de preparación
   10 minutos
tiempo de cocción **12 minutos**

400 g de **garganelli secos**
125 g de **mantequilla sin sal**
4 lonchas de **jamón de Parma**,
   cortadas en tiras de 2,5 cm
300 g de **filetes de salmonete**,
   cortados en trozos de 2,5 cm
10 **hojas de salvia**, picadas
   gruesas
sal y pimienta negra

Cueza la pasta en una olla grande con agua salada hirviendo, siguiendo las instrucciones del paquete, hasta que esté *al dente*.

Mientras, derrita la mantequilla a fuego medio en una sartén grande. Cuando la mantequilla empiece a espumar, añada el jamón de Parma y cocine, removiendo de vez en cuando, durante 2-3 minutos. Sazone los salmonetes con sal y pimienta e introdúzcalos en la sartén, con la piel hacia abajo. Esparza la salvia por encima y cocine de 2 a 3 minutos, hasta que el pescado quede de color opaco. Si la mantequilla empieza a adquirir demasiado color, baje un poco el fuego.

Cuele la pasta y reserve una cucharada grande del agua de la cocción. Póngala en la sartén con el pescado. Remueva con cuidado para mezclarlos y eche el agua reservada de la cocción de la pasta y siga removiendo a fuego medio hasta que la pasta quede impregnada de salsa y tenga una textura sedosa. Sirva el plato inmediatamente.

Para preparar garganelli con platija, utilice 300 g de platija en lugar de salmonetes y sustituya la salvia por 4 ramitas de estragón. Añada, sin parar de remover, 50 g de aceitunas negras deshuesadas y troceadas a la pasta en el último minuto de cocción.

pasta negra con rape

4 raciones
tiempo de preparación
10 minutos
tiempo de cocción
10-12 minutos

375 g de **pasta de tinta
de calamar seca**
25 g de **mantequilla**
200 g de **cola de rape**, cortada
en dados de 2,5 cm
2 **chiles rojos frescos grandes**,
sin semillas y finamente
picados
2 **dientes de ajo**, picados
2 cucharadas de **salsa
de pescado tailandesa**
150 g de **espinacas «baby»**
zumo de 2 limas
sal
gajos de limón, para servir

Cueza la pasta en una olla grande con agua salada hirviendo, siguiendo las instrucciones del paquete, hasta que esté *al dente*. Cuélela bien y vuelva a ponerla en la olla. Añada la mantequilla y mézclala.

Mientras, coloque los dados de rape sobre un trozo grande de papel de aluminio y añada por encima los chiles, el ajo y la salsa de pescado. Doble los bordes del papel de plata y envuelva en él los dados. Colóquelos en una placa de horno y métala en el horno precalentado a 200 °C, 6 si es de gas, de 8 a 10 minutos, hasta que estén hechos.

Mezcle los ingredientes del papel de aluminio con la pasta caliente. Agregue las espinacas y remueva hasta que se ablanden. Vierta el zumo de lima y sazone con sal. Sirva el plato inmediatamente con gajos de limón.

Para preparar pasta negra con langostinos y vieiras, utilice 300 g de langostinos crudos pelados y 8 vieiras partidas por la mitad y sin coral. Sofríalos en mantequilla 3 minutos junto con los chiles y el ajo y sin la salsa de pescado; deles la vuelta a las vieiras tras 1 o 2 minutos. Mézclelas con la pasta y siga como se indica en la receta.

linguine con langostinos y calabacines

4 raciones
tiempo de preparación
10 minutos
tiempo de cocción
10-12 minutos

400 g de **linguine seco**
3 cucharadas de **aceite de oliva**
200 g de **langostinos crudos**
pelados
2 **dientes de ajo**, machacados
cáscara (limpia) finamente
rallada **de 1 limón**
1 **chile rojo fresco**, sin semillas
y finamente picado
400 g de **calabacines**, rallados
gruesos
50 g de **mantequilla sin sal**,
cortada en dados
sal

Cueza la pasta en una olla grande con agua salada hirviendo, siguiendo las instrucciones del paquete, hasta que esté *al dente*, y cuélela.

Mientras, caliente el aceite a fuego fuerte en una sartén grande hasta que parezca que la superficie del aceite tiembla ligeramente. Añada los langostinos, el ajo, la cáscara de limón y el chile; sazone con sal y sofríalo todo, sin parar de remover, durante 2 minutos, hasta que los langostinos adquieran un tono rosado. Agregue los calabacines y la mantequilla, eche un poco más de sal y remueva bien. Siga removiendo durante 30 segundos.

Añada la pasta a los demás ingredientes, sin dejar de remover, hasta que la mantequilla se haya derretido y todos los ingredientes estén bien mezclados. Sirva inmediatamente.

Para preparar salsa de calamar y calabaza, sustituya los langostinos por 200 g de anillos de calamar ya preparados y los calabacines por 400 g de calabaza rallada gruesa y siga como se indica en la receta para elaborar la salsa.

tagliatelle con filete de atún picante

4 raciones
tiempo de preparación
15 minutos
tiempo de cocción
10-12 minutos

375 g de **tagliatelle verde seco**
2 **chiles verdes** grandes, sin
  semillas y cortados gruesos
25 g de **cilantro fresco con sus**
  raíces
1 **diente de ajo** grande, picado
  grueso
25 g de **almendras**, tostadas
2 cucharadas de **zumo de lima**
5 cucharadas de **aceite de oliva**
4 **filetes de atún**, de unos 150 g
  cada uno
sal
gajos de limón, para servir

Cueza la pasta en una olla grande con agua salada hirviendo,
siguiendo las instrucciones del paquete, hasta que esté
al dente.

Mientras, ponga los chiles, el cilantro, el ajo, las almendras
y el zumo de lima en un robot de cocina y tritúrelo todo
durante 10 segundos. Con el motor en marcha, vaya vertiendo
el aceite poco a poco y sazone con sal.

Caliente a fuego vivo una plancha o una sartén de fondo
grueso hasta que humee. Eche los filetes de atún y cocínelos
durante 30 segundos por cada lado o hasta que estén
sellados pero rosados por dentro. Retírelos del fuego
y córtelos por la mitad.

Escurra bien la pasta y mézclela con ⅔ de los ingredientes
triturados y distribúyala en 4 platos. Coloque 2 trozos de atún
y una cucharada de la salsa restante encima de los platos.
Sirva con unos gajos de lima.

Para preparar tagliatelle con salmón picante, dore
rápidamente a fuego vivo 150 g de filetes de salmón
hasta que estén firmes. Al igual que con el atún, le hará falta
una sartén muy caliente para sellar los filetes; los tiempos
de cocción precisos dependerán del grosor de los filetes.
Sirva con ensalada de pepino preparada con 1 pepino
grande, pelado y cortado en rodajas, 2 cucharadas
de cebollino cortado y 2 cucharadas de yogur natural.

linguine con cangrejo y chile

4 raciones
tiempo de preparación
10 minutos
tiempo de cocción
10-12 minutos

400 g de **linguine seco**
100 ml de **aceite de oliva
virgen extra**
1 **bulbo de hinojo**, recortado
y cortado en tiras delgadas
1 **chile rojo fresco**, finamente
picado
2 **dientes de ajo**, cortados
en rodajas finas
300 g de **cangrejo fresco**
100 ml de **vermut seco**,
por ejemplo Noilly Prat
zumo de 1 limón
3 cucharadas de **perejil de hoja
plana**, picado grueso
ramitas de hinojo, para decorar
sal

Cueza la pasta en una olla grande con agua salada hirviendo, siguiendo las instrucciones del paquete, hasta que esté *al dente*.

Mientras, caliente a fuego lento 2 cucharadas del aceite en una sartén grande y eche el hinojo, el chile y el ajo y sofríalo todo, removiendo de vez en cuando, de 5 a 6 minutos, hasta que se hayan ablandado un poco. Agregue, removiéndolo, el cangrejo, suba el fuego y añada el vermut. Lleve a ebullición a fuego fuerte durante 1-2 minutos, hasta que se haya evaporado casi todo el líquido; retírelo del fuego y eche, removiendo sin parar, el resto del aceite y el zumo de limón. Sazone con sal.

Cuele la pasta y añádala a la salsa junto con el perejil y mézclelo todo. Adorne con ramitas de hinojo y sirva inmediatamente.

Para preparar ensalada de pasta y cangrejo, mezcle todos los ingredientes de la receta salvo el vermut. Utilice las ralladuras de una cáscara, limpia, del limón y 300 g de conchitas de pasta. Cuando la pasta esté hecha, cuélela, pásela por agua fría y vuelva a colarla. Añada, removiendo sin parar, la pasta a la salsa y, si hace falta, vierta un poco más de aceite. Sírvala sobre lechuga iceberg cortada en tiras.

pasta con marisco, aceite, ajo y chile

4 raciones
tiempo de preparación
20 minutos, más tiempo
de remojo
tiempo de cocción **25 minutos**

750 g de **almejas vivas**
750 g de **mejillones vivos**
75 ml de **aceite de oliva
virgen extra**
2 **dientes de ajo**, cortados
en rodajas finas
½ **chile rojo seco**, picado
375 g de **espaguetis secos**
150 ml de **vino blanco seco**
2 cucharadas de **perejil de hoja
plana**, picado grueso

Lave las almejas y los mejillones con agua fría; deseche los
que estén rotos o al tocarlos no se cierren. Quíteles las barbas
y frótelos bien. Deje las almejas y los mejillones en remojo
en abundante agua fría durante 30 minutos; escúrralos
y páselos por agua fría. Póngalos en un bol, tápelos con
un paño de cocina mojado y déjelos en la nevera hasta
que se vayan a utilizar.

Caliente el aceite a fuego lento en la mayor sartén que
tenga o en un wok. Añada el ajo y el chile y deje reposar
10 minutos para que los sabores se mezclen. Si el ajo empieza
a adquirir color, retire la sartén del fuego y déjelo reposar
para que los sabores se amalgamen en la sartén.

Cueza la pasta en una olla grande con agua salada hirviendo,
siguiendo las instrucciones del paquete, hasta que esté
al dente.

Mientras, suba el fuego de la sartén, añada el vino y lleve
a ebullición a fuego fuerte durante 2 minutos. Agregue
las almejas y los mejillones y cocínelos, removiéndolo, hasta
que se abran (esto no debería tardar más de 4-5 minutos).

Cuele la pasta y póngala en la sartén junto con el perejil.
Mezcle todos los ingredientes en la sartén durante
30 segundos para que los sabores se concentren.
Sirva el plato inmediatamente.

Para preparar salsa de tomate, ajo y chile, corte 250 g de
tomates cherry por la mitad y cocínelos, con el lado cortado
hacia abajo, en aceite junto con el ajo y el chile. Sírvalos con
el marisco o sustituya el marisco por 100 g de roqueta picada.

farfalle con salmón ahumado y huevas de salmón

4 raciones
tiempo de preparación
10 minutos
tiempo de cocción **25 minutos**

40 g de **mantequilla sin sal**
1 cucharada de **aceite de oliva**
2 **chalotas**, cortadas en rodajas finas
150 ml de **vino blanco seco**
200 g de *crème fraîche*
125 g de **salmón ahumado**, cortado en tiras gruesas
400 g de **farfalle seco**s
2 cucharadas de **eneldo**, cortado grueso
30 g de **huevas de salmón**
sal y pimienta negra

Derrita la mantequilla a fuego lento en una sartén grande. Eche el aceite y las chalotas y cocínelos, removiendo de vez en cuando, de 6 a 7 minutos, hasta que se ablanden. Añada el vino, suba el fuego y lleve a ebullición a fuego fuerte durante 2-3 minutos, hasta que se haya reducido a la mitad. Retire las chalotas del fuego y añada, sin parar de remover, la *crème fraîche* y las tiras de salmón. Sazone con sal y abundante pimienta.

Cueza la pasta en una olla grande con agua salada hirviendo, siguiendo las instrucciones del paquete, hasta que esté *al dente*. Cuélela y reserve una cucharada grande del agua de la cocción.

Lleve la salsa a ebullición suave, añádale la pasta y remueva hasta que estén bien mezcladas. Eche el agua reservada de la cocción de la pasta y siga removiendo hasta que la pasta quede impregnada de salsa y tenga una textura sedosa. Añada y mezcle cuidadosamente el eneldo y las huevas de salmón y sirva el plato inmediatamente.

Para preparar farfalle con salmón ahumado, espinacas, roqueta y espárragos, añada 75 g de espinacas «baby» y roqueta salvaje a la pasta con la salsa y mezcle todos los ingredientes. Cocine 150 g de puntas de espárrago junto con la pasta en los 3 últimos minutos de la cocción. No incluya las huevas de salmón.

espaguetis con salsa de bogavante

6 raciones
tiempo de preparación
 10 minutos
tiempo de cocción **25 minutos**

3 **bogavantes con caparazón**,
 de unos 400 g cada uno
600 g de **espaguetis secos**
3 cucharadas de **aceite de oliva**
2-3 **dientes de ajo**, picados
una pizca generosa de **chiles
 secos machacados**
1 vaso de **vino blanco seco**
1 cucharada de **perejil** picado,
 más un poco para decorar
sal y pimienta negra

Lleve a ebullición agua salada en una olla grande,
eche 1 bogavante y déjelo cocer a fuego lento durante
12 minutos. Déjelo enfriar y saque la carne del caparazón.

Cueza la pasta en una olla grande con agua salada hirviendo,
siguiendo las instrucciones del paquete, hasta que esté
al dente.

Mientras, parta los otros 2 bogavantes por la mitad,
a lo largo, retire y deseche el estómago y corte en trozos
grandes las patas, la cabeza y todo lo demás.

Caliente el aceite en una sartén, incorpore el ajo, los chiles
y los trozos de bogavante y sofríalo todo, removiéndolo,
2 minutos. Eche el vino y lleve a ebullición. Añada el bogavante
hervido y agregue, sin parar de remover, el perejil y salpimiente.

Cuele la pasta, añádala a la salsa de bogavante y mézclela.
Sirva el plato inmediatamente adornado con perejil. Se aconseja
comer la carne de los caparazones con las manos. ¡Chupar
los caparazones forma parte del disfrute de este manjar!

Para preparar espaguetis con salsa de gambas, incluya
250 g de gambas crudas peladas en lugar de bogavante
y añádalas a la sartén junto con el ajo y los chiles. Cocínelas,
removiendo, de 2 a 3 minutos, hasta que las gambas
adquieran un color rosado, y añada el vino como
se indica en la receta.

fusilli con pez espada y alcachofas

4 raciones

tiempo de preparación
5 minutos, más tiempo
de adobado
tiempo de cocción
12-15 minutos

zumo de ½ **limón**
2 **dientes de ajo**, cortados
en rodajas finas
1 **chile rojo fresco**, sin semillas
y finamente picado
100 ml de **aceite de oliva virgen
extra**
400 g de **filetes de pez espada**,
cortados en dados de 1,5 cm
375 g de **fusilli secos**
200 g de **corazones de
alcachofa en bote o en lata**
con aceite de oliva, escurridos
50 g de **aceitunas negras
deshuesadas**, cortadas
gruesas
3 cucharadas de **menta**,
picada gruesa
sal

Ponga el zumo de limón, el ajo, el chile y 2 cucharadas de aceite en un bol no metálico. Añada los dados de pez espada y remuévalos bien para que se empapen del adobo. Tápelos y déjelos adobar en un lugar fresco durante 15 minutos.

Cueza la pasta en una olla grande con agua salada hirviendo, siguiendo las instrucciones del paquete, hasta que esté *al dente*.

Mientras, caliente el resto del aceite a fuego fuerte en una sartén grande. Corte las alcachofas por la mitad, añádalas a la sartén junto con las aceitunas y cocínelas, removiendo, durante 2 minutos. Sazone el pez espada y échelo en la sartén junto con el adobo. Siga cocinando durante 2-3 minutos, removiendo de vez en cuando, hasta que el pescado esté en su punto.

Cuele la pasta y reserve una cucharada grande del agua de la cocción. Añádala, removiendo, a la sartén y eche la menta. Mezcle bien, a fuego lento, todos los ingredientes y eche el agua reservada de la cocción de la pasta. Siga removiendo hasta que la pasta quede impregnada de salsa y tenga una textura sedosa. Sirva el plato inmediatamente.

Para preparar salsa de marisco con alcachofas, utilice 250 g de gambas crudas peladas o anillos de calamar, o bien una mezcla de ambos, y deje que cueza hasta que las gambas adquieran un color rosado o los anillos de calamar estén firmes y tengan un tono opaco.

linguine con trucha ahumada y mantequilla de hierbas aromáticas

4 raciones
tiempo de preparación
  10 minutos
tiempo de cocción
  10-12 minutos

400 g de **linguine seco**
125 g de **mantequilla sin sal**
300 g de **trucha ahumada en caliente**, desmenuzada
5 **cebolletas**, cortadas en rodajas finas
1 cucharada de **estragón**, picado grueso
4 cucharadas de **cebollinos** recortados
4 cucharadas de **perejil de hoja plana** picado
zumo de 1 limón
sal y pimienta negra

Cueza la pasta en una olla grande con agua salada hirviendo, siguiendo las instrucciones del paquete, hasta que esté *al dente*.

Mientras, derrita la mantequilla a fuego lento en una cazuela. Añada, removiendo sin parar, todos los demás ingredientes y retírelos del fuego.

Cuele la pasta y reserve una cucharada grande del agua de la cocción. Mezcle la pasta con la mantequilla y las hierbas aromáticas y salpimiente. Si parece que la pasta se seca, añada un poco del agua reservada de la cocción para darle una capa ligera y sedosa de salsa. Sirva el plato inmediatamente

Para preparar salsa de rábano picante, mezcle 2 cucharadas de salsa de rábano picante con 150 ml de *crème fraîche*, sazone con pimienta negra y eche una cucharada de salsa de aguacate sobre cada plato de pasta.

macarrones con queso y abadejo

4 raciones
tiempo de preparación
2 minutos
tiempo de cocción **30 minutos**

600 ml de **leche**
325 g de **filetes de abadejo
ahumado sin colorantes**
325 g de **macarrones secos**
50 g de **mantequilla sin sal**,
más un poco para engrasar
25 g de **harina**
1 cucharada de **mostaza
a la antigua**
250 ml de **nata líquida**
125 g de **guisantes** pelados,
descongelados si son
congelados
125 g de **queso cheddar**, rallado
4 cucharadas de **parmesano**
recién rallado
1 cucharada de **perejil de hoja
plana** picado grueso
125 g de **migas de pan blanco**
o **moreno fresco**, ralladas
gruesas
1 cucharada de **aceite de oliva**
sal y pimienta negra

Caliente la leche en una cazuela ancha y poco profunda hasta que casi hierva. Añada el abadejo y cueza a fuego lento de 6 a 8 minutos, hasta que la carne se deshaga fácilmente. Saque el pescado de la cazuela con una espumadera, quítele la piel y parta la carne en trozos grandes. Cuele la leche en una jarra.

Cueza la pasta en una olla grande con agua salada hirviendo, siguiendo las instrucciones del paquete, hasta que esté *al dente*.

Mientras, derrita la mantequilla a fuego muy lento en una cazuela. Añada la harina y remueva durante 2 minutos, hasta que adquiera un color tostado claro. Retire del fuego y vierta la leche reservada sin dejar de remover para que no queden grumos. Vuelva a colocar en el fuego, lleve a ebullición suave y siga removiendo, de 2 a 3 minutos, hasta que esté cremosa. Agregue, removiendo, la mostaza, la nata, los guisantes, el queso cheddar y la mitad del parmesano, y salpimiente.

Cuele la pasta y vuelve a ponerla en la olla. Incorpore la salsa y los trozos de abadejo y colóquela en una fuente refractaria engrasada. Mezcle el perejil y el resto del parmesano con las migas de pan y esparza uniformemente sobre la pasta. Rocíe con el aceite y métala en el horno precalentado a 220 °C, 7 si es de gas, durante 10 minutos, hasta que burbujee y se dore.

Para preparar zanahorias al estragón, como acompañamiento, corte 250-300 g de zanahorias «baby» por la mitad y escáldelas en agua hirviendo durante 2 minutos. Escurra y cocine, con la cazuela tapada, con 25 g de mantequilla, 1 cucharada de aceite de oliva y 1 cucharadita de azúcar, durante 5 minutos, hasta que estén tiernas. Espolvoree con 2 cucharadas de estragón picado antes de servir.

pasta con vieiras y panceta

4 raciones

tiempo de preparación
15 minutos

tiempo de cocción
15-20 minutos

5 cucharadas de **aceite de oliva virgen extra**

125 g de **panceta**, cortada en dados

1 **chile rojo fresco**, sin semillas y finamente picado

2 **dientes de ajo**, cortados en rodajas finas

250 g de **vieiras crudas con concha**

400 g de **linguine seco**

100 ml de **vino blanco seco**

2 cucharadas de **perejil de hoja plana**, picado grueso

sal

Caliente el aceite a fuego medio en una sartén grande, eche la panceta y cocinar, removiendo de vez en cuando, de 4 a 5 minutos, hasta que esté dorada y crujiente. Retire la sartén del fuego y añada, removiendo sin parar, el ajo y el chile. Deje reposar para que los sabores se acentúen mientras se preparan las vieiras y se empieza a cocer la pasta.

Si las vieiras se han comprado con las huevas de color naranja, sáquelas con cuidado; con un cuchillo pequeño y afilado; corte las vieiras en dos, a lo ancho, para obtener discos menos gruesos. Reserve.

Cueza la pasta en una olla grande con agua salada hirviendo, siguiendo las instrucciones del paquete, hasta que esté *al dente*.

Cuando la pasta esté casi lista, caliente la panceta en la sartén a fuego fuerte. Cuando el aceite empiece a chisporrotear, sazone las vieiras y las huevas con sal, échelas en la sartén y cocínelas, removiendo con cuidado, durante 2 minutos. Añada el vino y lleve a ebullición a fuego fuerte durante 2 minutos.

Cuele la pasta y añádala, removiéndola, a la sartén junto con el perejil. Remueva la pasta sobre el fuego 30 segundos para que todos los sabores se mezclen. Sírvala inmediatamente.

Para preparar pasta con espárragos, vieiras y panceta, simplemente hay que echar 150 g de puntas de espárrago al agua de cocción de la pasta en los 3 últimos minutos de la cocción y siga como se indica en la receta.

recetas
vegetarianas

la salsa de tomate más rápida

4 raciones

tiempo de preparación
2 minutos

tiempo de cocción
10-12 minutos

400 g de **pasta seca**
de su elección

2 cucharadas de **aceite de oliva**

2 **dientes de ajo**, cortados
en rodajas finas

500 ml de **passata**
(concentrado de tomate)

25 g de **mantequilla sin sal**
(opcional)

sal y pimienta negra

parmesano recién rallado
o **aceite de oliva virgen extra**,
para servir

Cueza la pasta en una olla grande con agua salada hirviendo, siguiendo las instrucciones del paquete, hasta que esté *al dente*.

Mientras, caliente el aceite de oliva a fuego lento en una cazuela, eche el ajo y cocínelo, sin parar de remover, durante 30 segundos. Suba el fuego y añada y mezcle enérgicamente la passata. Lleve a ebullición y salpimente. Baje el fuego y cueza a fuego lento 5 minutos. Retire del fuego.

Escurra bien la pasta, échela en la salsa y mézclela. Si se desea un sabor más delicado y dulce, añada la mantequilla y mezcle hasta que se haya derretido. Sirva el plato inmediatamente con un chorrito de aceite de oliva virgen extra o un poco de parmesano rallado.

Para preparar salsa de tomate con aceitunas y albahaca, elabore la salsa como se indica en la receta y añada una pizca generosa de chiles secos machacados y 1 cucharadita de orégano seco junto con el ajo. Cocínelo todo a fuego lento durante 30 minutos; la clave para una buena salsa de tomate reside en apenas cocinarla (tal y como se indica en la receta), para que no salga la acidez de los tomates, o en cocinarla durante mucho tiempo, para eliminar la acidez. Antes de servir, añada, sin parar de remover, 50 g de aceitunas negras troceadas junto con 10 hojas de albahaca partidas.

espaguetis con alcaparras y limón

4 raciones
tiempo de preparación
5 minutos
tiempo de cocción
10-12 minutos

400 g de **espaguetis secos**
150 ml de **aceite de oliva virgen
extra**
2 **dientes de ajo** grandes,
cortados en rodajas finas
1 **chile rojo fresco**, sin semillas
y finamente picado
2½ cucharadas de **alcaparras**
en salmuera, escurridas
y lavadas
cáscara (limpia) finamente
cortada **de 1 limón**
sal

Cueza la pasta en una olla grande con agua salada hirviendo,
siguiendo las instrucciones del paquete, hasta que esté
al dente.

Mientras, ponga el aceite en una sartén grande,
eche todos los demás ingredientes y cocínelos a fuego
muy lento 5 minutos para que los sabores se acentúen.
Si el ajo empieza a adquirir color, retire la sartén del fuego
y deje que los sabores se concentren en la sartén.

Cuele la pasta, añádala a la sartén y mézclela con los demás
ingredientes. Sírvala inmediatamente.

**Para preparar espaguetis con alcaparras, piñones
y aceitunas verdes**, siga como se indica en la receta y
agregue 100 g de aceitunas verdes troceadas a la sartén con
los demás ingredientes. Mezcle la pasta y como se indica en
la receta y eche 2 cucharadas de piñones por encima antes
de servir.

carbonara vegetariana

4 raciones
tiempo de preparación
  5 minutos
tiempo de cocción **15 minutos**

2 cucharadas de **aceite de oliva**
2 **dientes de ajo**, finamente
  picados
3 **calabacines**, cortados
  en rodajas finas
6 **cebolletas**, cortadas en trozos
  de 1 cm
400 g de **penne secos**
4 **yemas de huevo**
100 ml de *crème fraîche*
75 g de **parmesano** recién
  rallado, más un poco para servir
sal y pimienta negra

Caliente el aceite a fuego medio en una sartén de fondo grueso. Eche el ajo, los calabacines y las cebolletas y cocínelos, sin parar de remover, de 4 a 5 minutos hasta que los calabacines estén tiernos, y reserve.

Cueza la pasta en una olla grande con agua salada hirviendo, siguiendo las instrucciones del paquete, hasta que esté *al dente*.

Mientras, ponga las yemas en un cuenco, sazónelas con sal y una pizca generosa de pimienta molida y bátalas con un tenedor.

Justo antes de que la pasta esté lista, vuelva a colocar la sartén de los calabacines sobre el fuego. Añada, sin parar de remover, la *crème fraîche* y lleve a ebullición.

Escurra bien la pasta, vuelva a ponerla en la olla y añada, inmediatamente, las yemas, el parmesano y la salsa cremosa de calabacín. Remueva enérgicamente y sirva inmediatamente con un poco de parmesano rallado.

Para preparar carbonara de espárragos, sustituya los calabacines por 250 g de espárragos. Corte los espárragos en trozos de 2,5 cm y cocínelos de la misma forma que los calabacines.

linguine con calabacines y gremolata

4 raciones
tiempo de preparación
15 minutos
tiempo de cocción **12 minutos**

2 cucharadas de **aceite de oliva**
6 **calabacines** grandes, cortados
en rodajas gruesas
8 **cebolletas**, cortadas
en rodajas finas
400 g de **linguine seco**
virutas de **parmesano**,
para servir

para la **gremolata**
cáscara (limpia) finamente
rallada de **2 limones**
1 cucharada de **aceite de oliva**
10 cucharadas de **perejil
de hoja plana** picado
2 **dientes de ajo**, machacados

Primero, prepare la gremolata. Mezcle todos los ingredientes en un bol.

Caliente el aceite a fuego fuerte en una sartén antiadherente, eche los calabacines y remueva con frecuencia durante 10 minutos o hasta que estén dorados. Añada las cebolletas y sofríalas, sin parar de remover, 1-2 minutos.

Mientras, cueza la pasta en una olla grande con agua salada hirviendo, siguiendo las instrucciones del paquete, hasta que esté *al dente*.

Escurra bien la pasta e introdúzcala en un bol. Agregue los calabacines con cebolletas y la gremolata y mézclelo todo bien. Sirva inmediatamente con unas virutas de parmesano.

Para preparar linguine con judías verdes y una gremolata oriental, utilice cáscara de lima finamente rallada en lugar de cáscara de limón y cilantro fresco en vez de perejil, para elaborar la gremolata. Sustituya los calabacines por 300 g de judías verdes finas, cortadas en trozos de 2,5 cm. Déjelas hervir de 3 a 5 minutos y fría las judías y las cebolletas escurridas durante 1 minuto.

espaguetis con salsa de tomate crudo

4 raciones

tiempo de preparación
10 minutos, más tiempo
de reposo

tiempo de cocción
10-12 minutos

750 g de **tomates muy
maduros**, cortados en 4 trozos
2 **dientes de ajo**, pelados
10 **hojas de albahaca**
2 cucharadas de **semillas
de hinojo**
5 cucharadas de **aceite de oliva
virgen extra**
400 g de **espaguetis secos**
2 × 150 g **bolas de mozzarella
de búfala**, cortadas en dados
sal y pimienta negra

Pase los tomates, los dientes de ajo y la albahaca por un robot de cocina y trocéelos bien, pero sin convertirlos en puré. Póngalos en un bol grande y añada las semillas de hinojo y el aceite. Sazone con sal y pimienta y déjelo reposar durante al menos 15 minutos, para que los sabores se fundan, antes de cocer la pasta.

Cueza la pasta en una olla grande con agua salada hirviendo, siguiendo las instrucciones del paquete, hasta que esté *al dente*. Cuélela y añádala, sin parar de remover, a la salsa de tomate y, a continuación, eche la mozzarella. Sírvala inmediatamente.

**Para preparar orecchiette con salsa de tomate crudo
y hierbas aromáticas**, sustituya 125 g de los tomates por tomates secados al sol (semisecos). Añada 150 g de roqueta rallada gruesa y mézclela con las hojas de 4 ramitas de tomillo. Mézclela con las orecchiette y sírvala con mozzarella, como se indica en la receta.

pappardelle con setas

4 raciones

tiempo de preparación
15 minutos

tiempo de cocción
15-25 minutos

375 g de **setas variadas**,
lavadas

6 cucharadas de **aceite de oliva**

1 **diente de ajo**, finamente
picado

1 **chile rojo fresco**, sin semillas
y finamente picado

zumo de ½ limón

3 cucharadas de **perejil de hoja
plana** picado grueso

50 g de **mantequilla sin sal**,
cortada en dados

400 g de **pappardelle secos**
o **pappardelle frescos
caseros**, hechos con 1 masa
de 3 huevos (*véase* pág. 10)

sal y pimienta negra

virutas de parmesano,
para servir

Corte las setas y los porcini (si los encuentra frescos) en rodajas y rompa en trozos las setas más grandes y delicadas como los níscalos o las setas de cardo.

Caliente el aceite a fuego lento en una sartén grande de fondo grueso. Eche el ajo y el chile y deje que los sabores se fundan durante 5 minutos. Si el ajo empieza a adquirir color, retírelo del fuego y deje que los sabores se mezclen.

Suba el fuego, añada las setas y cocínelas, sin parar de remover, de 3 a 4 minutos, hasta que estén tiernas y doradas. Retire las setas del fuego y eche, removiendo constantemente, el zumo de limón, el perejil y la mantequilla. Salpimiente.

Cueza la pasta en una olla grande con agua salada hirviendo, hasta que esté *al dente*, siguiendo las instrucciones del paquete, si se utiliza pasta seca, o durante 2-3 minutos si la pasta es fresca. Escúrrala bien y reserve 1 cucharada grande del agua de la cocción.

Ponga la sartén de las setas a fuego medio y añada la pasta, sin parar de remover. Mezcle bien todos los ingredientes, vierta el agua reservada de la cocción de la pasta y siga removiendo hasta que la pasta quede impregnada de salsa. Sírvala inmediatamente con unas virutas de parmesano.

Para preparar pappardelle con salsa suave y cremosa de setas, incluya la mitad de la cantidad de aceite y no añada chile. Mezcle 200 g de *crème fraîche* con las setas y la mantequilla. Lleve a ebullición antes de retirar del fuego y, a continuación, siga como se indica en la receta. Eche por encima 2 cucharaditas de aceite de trufa antes de servir.

pasta con tomates asados y ricotta

4 raciones
tiempo de preparación
   10 minutos
tiempo de cocción
   15-20 minutos

500 g de **tomates cherry**,
   partidos por la mitad
4 cucharadas de **aceite de oliva**
   virgen extra
2 cucharaditas de **hojas**
   de tomillo picadas
4 **dientes de ajo**, cortados
   en rodajas
una pizca de **chiles secos**
   machacados
400 g de **pasta seca**
1 manojo de **hojas de albahaca**,
   rotas
125 g de **ricotta**, desmenuzada
sal y pimienta negra

Ponga los tomates en una bandeja de horno junto con
el aceite, el tomillo, el ajo y el chile y salpimiente. Métalos
en el horno precalentado a 200 °C, 6 si es de gas, durante
15-20 minutos, hasta que los tomates se hayan ablandado
y hayan soltado su jugo.

Mientras, cueza la pasta en una olla grande con agua salada
hirviendo, siguiendo las instrucciones del paquete,
hasta que esté *al dente*. Escúrrala y vuelva a ponerla en la olla.

Añada, sin parar de remover, los tomates junto con el jugo
de la bandeja y casi todas las hojas de albahaca y mézclelo
con cuidado. Salpimiente y emplate.

Pique el resto de la albahaca, mézclela con la ricotta
y salpimiente. Sirva en un plato pequeño para que
los comensales puedan echarlo a la pasta.

Para preparar salsa de tomates asados y queso de cabra,
sustituya la ricotta por 125 g de queso de cabra blando.
Esta salsa de sabor fuerte con hierbas aromáticas es
un buen acompañamiento para la pasta verde elaborada
con espinacas.

macarrones con queso individuales

4 raciones
tiempo de preparación
10 minutos
tiempo de cocción **20 minutos**

250 g de **macarrones secos**
125 g de **champiñones**,
cortados en rodajas
1 **diente de ajo**, machacado
150 ml de **nata líquida**
150 ml de **leche**
una pizca de **nuez moscada**
recién rallada
175 g de **queso duro**, como
cheddar o gruyère, rallado
4 cucharadas de **albahaca**
picada
sal y pimienta negra

Cueza la pasta en una olla grande con agua salada hirviendo, siguiendo las instrucciones del paquete, hasta que esté *al dente*.

Mientras, caliente una sartén pequeña y seca a fuego medio, añada los champiñones y cocínelos, sin parar de remover, durante 5 minutos. Eche el ajo y sofríalo 1 minuto removiendo constantemente. Agregue la nata, la leche y la nuez moscada y lleve casi al punto de ebullición.

Añada y mezcle 125 g de queso y toda la albahaca. Retire del fuego y siga removiendo hasta que el queso se haya derretido; salpimiente.

Cuele la pasta e introdúzcala en un bol grande. Eche la salsa y remueva bien para que quede todo bien mezclado.

Coloque en fuentes individuales para gratinar, cubra con el resto del queso e introdúzcalas en el horno precalentado a 230 °C, 8 si es de gas; déjelas durante 10 minutos, hasta que los macarrones se hayan dorado.

Para preparar macarrones con queso, espinacas y nueces, añada 250 g de espinacas congeladas junto con el ajo y saltéelas hasta que se hayan descongelado. Siga como se indica en la receta y eche, sin parar de remover, 4 cucharadas de nuez troceada antes de colocarlas en fuentes individuales; cúbralas con queso y métalas en el horno.

penne con habas y espárragos

4 raciones
tiempo de preparación
10 minutos
tiempo de cocción
12-15 minutos

300 g de **penne secos**
500 g de **espárragos**,
recortados y cortados
en trozos cortos
4 cucharadas de **aceite de oliva**
250 g de **habas** o **guisantes**
frescos, pelados
75 ml de **nata**
75 g de **parmesano** recién
rallado, más un poco para servir
4 cucharadas de **menta** picada
sal y pimienta negra

Cueza la pasta en una olla grande con agua salada hirviendo,
siguiendo las instrucciones del paquete, hasta que esté
al dente.

Mientras, ponga los espárragos en una placa de horno,
píntelos con abundante aceite y salpimiente. Coloque la
placa bajo el grill precalentado durante 8 minutos, girándolos
a medida que se van dorando.

Cueza las habas o los guisantes en una cazuela aparte con agua
hirviendo ligeramente salada durante 2 minutos y escúrralos.

Cuele la pasta. Eche la nata en la olla vacía de la pasta, con el
fuego encendido, y agregue las habas o los guisantes cocidos,
los espárragos gratinados y el parmesano y salpimiente. Vuelva
a poner la pasta en la olla, añada la menta y mezcle bien con
2 cucharas de madera. Sirva inmediatamente con un poco
de parmesano.

**Para preparar penne con espárragos a la plancha
y almendras**, caliente una plancha a fuego alto y píntela
con aceite de oliva. Disponga los espárragos en una
sola capa y cocínelos; deles la vuelta de vez en cuando
y píntelos con un poco más de aceite hasta que estén
ligeramente ennegrecidos y tiernos. No incluya habas
ni menta. Dore 50 g de almendras laminadas en la plancha
antes de añadir la nata, los espárragos, el parmesano,
la sal y la pimienta y mézclelas con la pasta antes de servirla.

orecchiette con salsa de nuez

4 raciones
tiempo de preparación
   5 minutos
tiempo de cocción
   10-12 minutos

375 g de **orecchiette secas**
50 g de **mantequilla**
15 **hojas de salvia** picadas
   gruesas
2 **dientes de ajo** finamente
   picados
125 g de **nueces (de nogal)**,
   finamente troceadas
150 ml de **nata líquida**
65 g de **parmesano** recién
   rallado
sal y pimienta negra

Cueza la pasta en una olla grande con agua salada hirviendo, siguiendo las instrucciones del paquete, hasta que esté *al dente*.

Mientras, derrita la mantequilla a fuego medio en una sartén. Cuando empiece a espumar y a chisporrotear, añada, mientras remueve, la salvia y el ajo; cocínelos, sin dejar de remover, de 1 a 2 minutos hasta que estén dorados. Retírelos del fuego y agregue, removiendo constantemente, las nueces, la nata y el parmesano.

Cuele la pasta, échela en la salsa y mezcle bien. Salpimiente y sirva inmediatamente.

Para preparar ensalada de espinacas, cebolletas

y aguacate, para acompañar a la pasta, utilice 150 g de hojas de espinacas «baby», 4 cebolletas cortadas en rodajas finas y 2 aguacates pelados, sin hueso y cortados en rodajas. Mezcle los ingredientes y emplate.

tagliatelle con porcini y tomate

4 raciones

tiempo de preparación **10 minutos**, más tiempo de remojo

tiempo de cocción **35 minutos**

25 g de **porcini secos**

200 ml de **agua hirviendo**

2 cucharadas de **aceite de oliva**

2 **dientes de ajo**, finamente picados

3 cucharadas de **tomillo** picado grueso

2 × 400 g de **tomates cherry** en lata o **tomates troceados**

400 g de **tagliatelle secos** o **tagliatelle frescos caseros**, hechos con 1 masa de 3 huevos (*véase* pág. 10)

40 g de **mantequilla sin sal**, cortada en dados

sal y pimienta negra

parmesano recién rallado, para servir (opcional)

Ponga los porcini en remojo en el agua durante unos 10 minutos. Escúrralos, reserve el agua de remojo, y elimine completamente el agua.

Caliente el aceite en una sartén de fondo grueso y añada el ajo y el tomillo; remueva 30 segundos. Suba el fuego, eche los porcini, salpimiente y remueva durante 1 minuto. Vierta el agua del remojo reservada y agregue los tomates. Lleve a ebullición, baje el fuego al mínimo y deje cocer a fuego lento, sin tapar, durante 30 minutos, hasta que espese; añada un poco de agua si la salsa se empieza a pegar. Salpimiente al gusto.

Cuando la salsa esté casi lista, cueza la pasta en una olla grande con agua salada hirviendo, hasta que esté *al dente*, siguiendo las instrucciones del paquete, si se utiliza pasta seca, o durante 2 minutos si la pasta es fresca. Escúrrala bien y reserve 1 cucharada grande del agua de la cocción.

Vuelva a poner la pasta en la olla a fuego lento. Eche, sin parar de remover, la salsa de porcini y la mantequilla y mezcle bien. Vierta el agua reservada de la cocción de la pasta y siga removiendo unos segundos más, hasta que la pasta quede impregnada de salsa y tenga una textura sedosa. Sirva inmediatamente y, si lo desea, con un poco de parmesano rallado.

Para preparar tagliatelle con brócoli y tomate, en lugar de porcini, utilice 250 g de brócoli partido en ramilletes. Deje que hierva durante 2 minutos y escúrralo bien. Prepare la salsa de tomate como se indica en la receta, pero sin el agua de remojo, y mezcle la salsa y el brócoli con la pasta y la mantequilla, continúe como se indica en la receta.

pesto de albahaca clásico

4 raciones
tiempo de preparación
2 minutos
tiempo de cocción
10-12 minutos

400 g de **trofie secos**
75 g de **hojas de albahaca**
50 g de **piñones**
2 **dientes de ajo**
50 g de **parmesano** recién
  rallado, más un poco para servir
100 ml de **aceite de oliva**
sal y pimienta negra
hojas de albahaca, para decorar

Cueza la pasta en una olla grande con agua salada hirviendo, siguiendo las instrucciones del paquete, hasta que esté *al dente*.

Mientras, introduzca la albahaca, los piñones y el ajo en un robot de cocina y tritúrelo todo bien. Coloque la mezcla en un bol y eche, sin parar de remover, el parmesano y el aceite; salpimiente.

Escurra la pasta, reservando 1 cucharada grande del agua de la cocción, y vuelva a meterla en la olla. Añada y mezcle el pesto, vertiendo suficiente agua reservada de la cocción de la pasta para aligerar la mezcla. Sirva el plato inmediatamente con un poco de parmesano rallado y adórnelo con unas hojas de albahaca.

Para preparar pasta al pesto con patatas y judías verdes

(la forma tradicional genovesa de servir el pesto), cueza 250 g de patatas, peladas y cortadas en rodajas, en una olla grande con agua salada hirviendo durante 5 minutos y, a continuación, añada la pasta y cuézala según las instrucciones del paquete, hasta que esté *al dente*. En los 5 últimos minutos de la cocción, agregue 150 g de judías verdes recortadas a la olla. Una vez escurrida la pasta, eche, sin parar de remover, el pesto, como se indica en la receta. Una pasta larga, como linguine, es más adecuada para este plato.

pesto de queso de cabra y berros

4 raciones
tiempo de preparación
10 minutos
tiempo de cocción
10-12 minutos

375 g de **fusilli secos**
50 g de **piñones**, tostados
más un poco para servir
1 **diente de ajo**, picado grueso
150 g de **berros**, más unas
ramitas para servir
7 cucharadas de **aceite de oliva
virgen extra**
2 cucharaditas de **hojas
de tomillo** picadas
150 g de **queso de cabra
blando**, más un poco
para servir
sal y pimienta negra

Cueza la pasta en una olla grande con agua salada hirviendo, siguiendo las instrucciones del paquete, hasta que esté *al dente*.

Mientras, pase los piñones, el ajo y los berros por un robot de cocina, junto con una pizca generosa de sal, durante 15 segundos, hasta que estén troceados. Deje el motor encendido 20 segundos más y vaya vertiendo el aceite poco a poco.

Escurra bien la pasta e introdúzcala en un bol. Eche, desmenuzándolo, el queso de cabra y remueva bien. Sazone con pimienta y añada, sin dejar de remover, el pesto a la pasta caliente. Distribúyala en 4 platos y sírvala inmediatamente con un poco de queso de cabra, unos piñones y unas ramitas de berro.

Para preparar pesto de queso de cabra y roqueta,

sustituya los berros por 150 g de roqueta salvaje y tritúrelos, pero no demasiado, ni tampoco a los piñones, ya que el pesto queda mejor cuando tiene textura.

pasta con radicchio
y pan rallado con queso

2 raciones
tiempo de preparación
10 minutos
tiempo de cocción **13 minutos**

175 g de **espaguetis secos**
65 g de **mantequilla**
25 g de **migas de pan blanco fresco**
15 g de **parmesano** recién rallado
2 **chalotas** finamente picadas
1 **diente de ajo**, cortado en rodajas
1 bulbo de **radicchio**, picado
un chorrito de **zumo de limón**
sal y pimienta negra

Cueza la pasta en una olla grande con agua salada hirviendo, siguiendo las instrucciones del paquete, hasta que esté *al dente*.

Mientras, derrita la mitad de la mantequilla en una sartén, eche las migas de pan y cocínelas, remueva con frecuencia, durante 5 minutos, hasta que estén doradas y crujientes. Ponga las migas en un bol, deje que se enfríen un poco y, eche, sin parar de remover, el parmesano.

Derrita el resto de la mantequilla a fuego lento en una cazuela grande o en un wok. Añada las chalotas y el ajo y cocínelas, remueva de vez en cuando, durante 5 minutos o hasta que se ablanden. Agregue el radicchio y el zumo de limón y salpimiente. Remueva 2 minutos más o hasta que el radicchio se haya ablandado.

Escurra la pasta y reserve 2 cucharadas del agua de la cocción. Añada la pasta y el agua reservada de la cocción a la mezcla de radicchio y mézclelas brevemente sobre el fuego. Sirva la pasta inmediatamente en boles medianos y corónela con las migas con queso.

Para preparar pasta con espinacas y pan rallado con queso ahumado, sustituya el radicchio por 250 g de espinacas y utilice queso ahumado rallado en lugar de parmesano. Añada ½ cucharadita de nuez moscada recién rallada para obtener un sabor más intenso.

rigatoni con berenjenas y ricotta

4 raciones
tiempo de preparación
  5 minutos
tiempo de cocción **35 minutos**

2 **berenjenas** grandes
aceite de oliva para freír
2 **dientes de ajo**, finamente
  picados
2 × 400 g de **tomates**
  troceados en lata
20 **hojas de albahaca**, partidas
400 g de **rigatoni secos**
200 g de **ricotta**
3 cucharadas de **pecorino**
  recién rallado
sal y pimienta negra

Corte las berenjenas en 4 trozos, a lo largo, y luego cada trozo por la mitad, también a lo largo, y, por último, en palitos.

Caliente 1 cm de aceite a fuego fuerte en una sartén grande hasta que parezca que la superficie del aceite tiembla. Eche las berenjenas, por tandas, y fríalas hasta que se doren. Sáquelas con una espumadera y escúrralas en papel de cocina.

Caliente 1 cucharada de aceite a fuego medio en una sartén grande de fondo grueso. Eche el ajo y cocínelo durante 30 segundos, removiéndolo. Sin dejar de remover, añada las berenjenas, salpimentándolas, y después los tomates. Lleve a ebullición, baje el fuego y cocine a fuego lento, sin tapar, durante 20 minutos, hasta que la salsa espese. Retire del fuego y agregue, removiendo, la mitad de la albahaca; salpimiente al gusto.

Cuando la salsa esté casi lista, cueza la pasta en una olla grande con agua salada hirviendo, siguiendo las instrucciones del paquete, hasta que esté *al dente*. Cuélela y reserve 1 cucharada grande del agua de la cocción. Añada la pasta a la salsa y remueva a fuego lento. Eche el agua reservada y siga removiendo hasta que la pasta quede impregnada de salsa y tenga una textura sedosa. Sirva inmediatamente con un poco de ricotta, el pecorino y el resto de la albahaca.

Para preparar rigatoni con calabaza y ricotta, sustituya las berenjenas por 500 g de calabaza pelada, sin semillas y cortada en dados. Fríalas y escúrralas en papel de cocina, como se indica en la receta. Sofría 2 cebollas rojas cortadas en rodajas finas en aceite de oliva durante 10 minutos, hasta que se ablanden. Agregue la calabaza y cocine de 6 a 8 minutos, hasta que se haya caramelizado. Retire del fuego, eche la mitad de la albahaca y continúe como se indica en la receta.

pasta con aceite, ajo y chile

4-6 raciones
tiempo de preparación
 5 minutos
tiempo de cocción **8 minutos**

400-600 g de **spaghettini secos**
125 ml de **aceite de oliva**
2 **dientes de ajo**, finamente picados
2 **chiles rojos secos**, pequeños, sin semillas y picados
2 cucharadas de **perejil** picado
sal y pimienta negra

Cueza la pasta en una olla grande con agua salada hirviendo, siguiendo las instrucciones del paquete, hasta que esté *al dente*.

Mientras, caliente el aceite a fuego lento en una cazuela, eche el ajo y una pizca de sal y remueva continuamente hasta que el ajo esté dorado (pero sin dorarse demasiado, pues tendría un sabor amargo). Añada los chiles, mientras remueve.

Cuele la pasta y póngala en la sartén en la que se han hecho el ajo y los chiles, que estarán calientes pero no chisporroteantes. Sazónela con abundante pimienta y perejil y mézclela bien. Sírvala inmediatamente.

Para preparar pasta romana con aceite, ajo y chile,

la receta es igual de sencilla pero no se añade ni pimienta negra ni perejil. Este plato también está muy rico si se corona con huevos escalfados (2 huevos por persona).

fettuccine all' Alfredo

4 raciones

tiempo de preparación
5 minutos
tiempo de cocción **5-15 minutos**

400 g de **fettuccine**
(o **tagliatelle**) **secos** o
fettuccine (o **tagliatelle**)
frescos caseros, hechos
con 1 masa de 3 huevos
(*véase* pág. 10)
50 g de **mantequilla sin sal**
200 ml de **nata**
una pizca generosa de **nuez
moscada** recién rallada
50 g de **parmesano** recién
rallado, más un poco para servir
6 cucharadas de **leche**
sal y pimienta negra

Cueza la pasta en una olla grande con agua salada hirviendo,
hasta que esté *al dente*, siguiendo las instrucciones del
paquete, si se utiliza pasta seca, o durante 2 minutos si la pasta
es fresca.

Mientras, derrita la mantequilla en una sartén ancha
de fondo grueso. Vierta la nata y lleve a ebullición. Baje el fuego
y cueza a fuego lento 1 minuto para que espese un poco.

Escurra bien la pasta, añádala a la sartén con la salsa cremosa
y remuévala a fuego muy lento. Incorpore la nuez moscada,
el parmesano y la leche y salpimiente. Mezcle con cuidado hasta
que la salsa espese y la pasta quede impregnada de salsa.
Sírvala inmediatamente con un poco de parmesano rallado.

Para preparar salsa Alfredo con tomates secados
al sol y espárragos, agregue 100 g de tomates secados al
sol (semisecos) troceados y 250 g de puntas de espárrago
blanqueadas justo antes de servir.

linguine con queso de cabra y hierbas aromáticas

4 raciones
tiempo de preparación
5 minutos
tiempo de cocción
10-12 minutos

250 g de **linguine seco**
300 g de **queso de cabra duro**
1 **limón**
75 g de **mantequilla**
2 cucharadas de **aceite de oliva**,
más un poco para aceitar
3 **chalotas** finamente picadas
2 **dientes de ajo**, machacados
25 g de **hierbas aromáticas**
variadas picadas, como
estragón, perifollo, perejil
y eneldo
3 cucharadas de **alcaparras** en
salmuera, escurridas y lavadas
sal y pimienta negra

Cueza la pasta en una olla grande con agua salada hirviendo, siguiendo las instrucciones del paquete, hasta que esté *al dente*.

Mientras, corte el queso de cabra en rodajas gruesas y póngalas en una parrilla para gratinar ligeramente engrasada con aceite y forrada con papel de aluminio. Colóquelas bajo el grill precalentado durante 2 minutos o hasta que se doren. Resérvelas y manténgalas calientes.

Ralle con un rallador de cítricos, la cáscara del limón en tiras y, a continuación, exprima el zumo.

Derrita la mantequilla junto con el aceite a fuego medio en una sartén. Eche las chalotas y el ajo y sofríalas, removiendo, durante 3 minutos. Sin dejar de remover, incorpore las hierbas aromáticas, las alcaparras y el zumo de limón y salpimiente.

Escurra ligeramente la pasta para que retenga suficiente humedad y no reseque la salsa y vuelva a introducirla en la olla. Agregue el queso de cabra y la salsa y mezcle con cuidado los ingredientes. Sirva el plato inmediatamente, esparciendo por encima unas ralladuras de la cáscara de limón.

Para preparar linguine con tortilla y hierbas aromáticas, utilice 6 huevos en lugar de queso de cabra. Bata 3 huevos con sal y pimienta, caliente una nuez de mantequilla en una sartén, eche los huevos batidos y fríalos hasta que estén cuajados; despegue los bordes de la tortilla con una espátula. Dele la vuelta y repita estos pasos con los otros 3 huevos. Enrolle las tortillas, córtelas en rodajas finas y añádalas a la pasta junto con el sofrito de chalotas, ajo, hierbas aromáticas, alcaparras y zumo de limón.

raviolis con salsa de tomate y nata

4 raciones
tiempo de preparación
10 minutos
tiempo de cocción **25 minutos**

15 g de **mantequilla sin sal**
1 cucharada de **aceite de oliva**
½ **cebolla**, finamente picada
½ **tallo de apio**, finamente
  picado
350 ml de **passata**
  (concentrado de tomate)
una pizca generosa de **azúcar**
  blanco extrafino
250 g de **raviolis frescos**
  de ricotta y espinacas
100 ml de **nata**
una pizca generosa de **nuez**
  moscada recién rallada
sal y pimienta negra
virutas de **parmesano**,
  para servir
hojas de albahaca, para decorar

Derrita la mantequilla junto con el aceite a fuego lento en una
sartén de fondo grueso. Eche la cebolla y el apio y remueva
de vez en cuando durante 10 minutos, hasta que se ablanden,
pero sin que queden dorados. Añada, sin parar de remover,
la passata y el azúcar y lleve a ebullición. Baje el fuego
y deje cocer a fuego lento, sin tapar, durante 10 minutos,
hasta que espese y salpimiente.

Cueza los raviolis en una olla grande con agua salada hirviendo,
siguiendo las instrucciones del paquete, hasta que estén
al dente. Mientras, añada la nata a la salsa y lleve a ebullición.
Incorpore, sin parar de remover, la nuez moscada
y retire la salsa del fuego.

Escurra bien la pasta y póngala en una fuente. Eche
la salsa por encima y sírvala inmediatamente con unas
virutas de parmesano y unas hojas de albahaca para decorar.

Para preparar gnocchi con tomate, nata y almendras,
sustituya los raviolis por 500 g de gnocchi cocidos
durante 3-4 minutos en agua salada hirviendo, según
las instrucciones del paquete. Prepare la salsa de tomate
como se indica en la receta y, antes de servir, esparza
por encima 1 cucharada de almendras laminadas tostadas.

rigatoni con calabacines y queso feta

4 raciones

tiempo de preparación
15 minutos

tiempo de cocción
10-12 minutos

375 g de **rigatoni secos**

3 **calabacines**, cortados
en rodajas gruesas de 1 cm

6 cucharadas de **aceite de oliva**

2 **ramitas de tomillo limón**

½ **limón**, para exprimir

200 g de **queso feta**, cortado
en dados

12 **aceitunas verdes**,
deshuesadas y troceadas

sal y pimienta negra

Cueza la pasta en una olla grande con agua salada hirviendo, siguiendo las instrucciones del paquete, hasta que esté *al dente* y escúrrala bien.

Mientras, ponga los calabacines en un bol grande y añada, sin parar de remover, 1 cucharada de aceite. Caliente a fuego fuerte una plancha hasta que humee. Eche las rodajas de calabacín y fríalas 2-3 minutos por cada lado, hasta que estén tiernas y ligeramente ennegrecidas.

Vuelva a introducir los calabacines en el bol, rocíelos con el resto del aceite, esparza las ramitas de tomillo limón por encima, exprima y eche el zumo de limón y salpimiente.

Escurra bien la pasta y añádala al bol junto con el queso feta y las aceitunas. Mezcle bien todos los ingredientes y sirva el plato inmediatamente.

Para preparar rigatoni con corazones de alcachofa y taleggio, utilice 2 × 400 g de corazones de alcachofa en lata en lugar de calabacines. Escurra y parta por la mitad los corazones de alcachofa; añada, sin parar de remover, 1 cucharada de aceite y saltee junto con 1 cucharada de romero finamente picado durante 2 minutos. No incluya el zumo de limón. Mezcle con las aceitunas verdes y 150 g de taleggio cortado en dados y la pasta ya cocida.

gnocchi con espinacas y *dolcelatte*

4 raciones
tiempo de preparación
5 minutos
tiempo de cocción **20 minutos**

500 g de **gnocchi comprados**
   o **1 porción de gnocchi
   de patata clásicos**
   (*véase* pág. 218)
15 g de **mantequilla sin sal**
125 g de **espinacas «baby»**
una pizca generosa de **nuez
   moscada** recién rallada
175 g de **queso *dolcelatte***
   cortado en dados
125 ml de **nata**
3 cucharadas de **parmesano**
   recién rallado
sal y pimienta negra

Cueza los gnocchi en una olla grande con agua salada hirviendo, hasta que suban a la superficie, siguiendo las instrucciones del paquete si es gnocchi comprado y durante 3-4 minutos si es hecho en casa. Escúrralos bien.

Mientras, derrita la mantequilla a fuego fuerte en una cazuela y, cuando empiece a chisporrotear, incorpore las espinacas y remueva durante 1 minuto hasta que hayan empezado a ablandarse. Retírelos del fuego, sazone con nuez moscada, sal y pimienta y añada, sin parar de remover, el *dolcelatte*, la nata y los gnocchi.

Coloque la mezcla en una fuente refractaria y espolvoree con parmesano. Introdúzcala en el horno precalentado a 220 °C, 7 si es de gas, y déjela durante 12-15 minutos, hasta que la salsa burbujee y se dore.

Para preparar gnocchi con col rizada, puerros y *dolcelatte*, sustituya las espinacas por 250 g de col rizada cortada en tiras finas y 1 puerro cortado en rodajas finas, salteados en mantequilla durante 3-4 minutos. No incluya nuez moscada. Salpimiente y mezcle con el *dolcelatte*, la nata y los gnocchi. Hornee como se indica en la receta.

pesto trapanese

4 raciones
tiempo de preparación
10 minutos
tiempo de cocción
10-12 minutos

400 g de **espaguetis secos**
2 **dientes de ajo**, pelados
50 g de **hojas de albahaca**,
   más unas cuantas para decorar
2 **chiles rojos frescos**,
   sin semillas
400 g de **tomates maduros**,
   troceados gruesos
150 g de **almendras sin pelar**,
   molidas gruesas
150 ml de **aceite de oliva virgen
   extra**
sal
pecorino recién rallado,
   para servir (opcional)

Cueza la pasta en una olla grande con agua salada hirviendo, siguiendo las instrucciones del paquete, hasta que esté *al dente*.

Mientras, introduzca los dientes de ajo, la albahaca, los chiles y los tomates en un robot de cocina y trocéelos bien, pero sin convertirlos en puré. Agregue, sin parar de remover, la almendra molida y el aceite y salpimente.

Cuele la pasta y vuelva a ponerla en la olla. Eche el pesto y remueva bien. Sirva inmediatamente, si lo desea con un poco de pecorino rallado, y decórela con hojas de albahaca.

Para preparar ensalada con gambas y pesto trapanese, sustituya los espaguetis por 300 g de formas de pasta pequeñas. Deje enfriar la pasta cocida bajo el grifo antes de añadir, sin parar de remover, 250 g de gambas cocidas y el pesto.

puttanesca

4 raciones
tiempo de preparación
10 minutos
tiempo de cocción **20 minutos**

2 cucharadas de **alcaparras**
en salmuera o sal
4 cucharadas de **aceite de oliva**
una pizca generosa de **chiles**
secos machacados
1 **diente de ajo**, machacado
8 **filetes de anchoa** en aceite,
escurridos y cortados en trozos
grandes
400 g de **tomates troceados**
en lata
75 g de **aceitunas negras**
deshuesadas, troceadas
400 g de **espaguetis secos**
sal

Pase las alcaparras por agua; si se utilizan alcaparras en sal, remójelas en agua fría 5 minutos y, a continuación, escúrralas. Si se utilizan alcaparras en salmuera, simplemente páselas por agua y escúrralas.

Mientras, caliente el aceite a fuego lento en una sartén grande. Eche los chiles, el ajo y las anchoas y sofríalo todo, sin parar de remover, durante 2 minutos, hasta que las anchoas empiecen a disolverse en el aceite. Suba el fuego, añada las alcaparras y remueva durante 1 minuto. Incorpore el tomate y las aceitunas, salpimiente y lleve a ebullición. Deje hervir a fuego fuerte mientras se cuece la pasta.

Cueza la pasta en una olla grande con agua salada hirviendo, siguiendo las instrucciones del paquete, hasta que esté *al dente*. Cuélela y reserve 1 cucharada grande del agua de la cocción. Incorpore la pasta a la salsa y remueva hasta que esté todo bien mezclado. Añada el agua reservada de la cocción de la pasta y siga removiendo hasta que la pasta quede impregnada de salsa y tenga una textura sedosa. Sírvala inmediatamente.

Para preparar puttanesca con atún, añada 200 g de atún en lata escurrido a la salsa y mézclelo en la sartén junto con las alcaparras.

pasta con mascarpone y hierbas aromáticas

4 raciones

tiempo de preparación
5 minutos

tiempo de cocción
10-20 minutos

1 cucharada de **aceite de oliva**

10 **tomates secados al sol**
en aceite, cortados en rodajas
finas

2 **dientes de ajo**, machacados

200 g de **mascarpone**

125 ml de **leche**

4 cucharadas de **hierbas
aromáticas variadas**
(una mezcla de perejil de hoja
plana, albahaca, cebollinos,
tomillo y/o perifollo)

400 g de **tagliatelle**
(o **fettuccine**) **secos**
o **tagliatelle** (o **fettuccine**)
frescos caseros, hechos
con 1 masa de 3 huevos
(*véase* pág. 10)

3 cucharadas de **parmesano**
recién rallado, más un poco
para servir

sal y pimienta negra

Eche el aceite en una sartén grande; añada los tomates
y el ajo y déjelos a fuego lento durante 5 minutos para
que se acentúen los sabores. Si el ajo empieza a adquirir
color, retírelo del fuego y deje que los sabores se concentren
en la sartén. Agregue el mascarpone y la leche y remueva
hasta que el mascarpone se haya derretido. Retire del fuego
y añada las hierbas aromáticas a la salsa; mézclelo bien y,
a continuación, salpimiente.

Cueza la pasta en una olla grande con agua salada hirviendo,
hasta que esté *al dente*, siguiendo las instrucciones del
paquete, si se utiliza pasta seca, o durante 2 minutos si
la pasta es fresca. Escúrrala bien y reserve 1 cucharada
grande del agua de la cocción.

Ponga la sartén de la salsa a fuego lento y eche, sin parar
de remover y con cuidado, la pasta y el parmesano hasta
que la pasta quede bien impregnada. Eche un poco del agua
reservada de la cocción de la pasta para que la salsa adquiera
una consistencia sedosa. Sirva la pasta inmediatamente
con un poco de parmesano rallado aparte.

**Para preparar pasta con mascarpone, frutos secos
y hierbas aromáticas**, añada 50 g de avellanas y
3 cucharadas de piñones a la salsa antes de incorporar
la pasta.

pasta integral con col

4 raciones
tiempo de preparación
15 minutos
tiempo de cocción **25 minutos**

250 g de **patatas**, peladas y
cortadas en trozos de 2,5 cm
375 g de **pasta integral seca**
de su elección
300 g de **col de Saboya**,
cortada en tiras
1 cucharada de **aceite de oliva**
2 **dientes de ajo**, finamente
picados
200 g de **mascarpone**
200 g de **gorgonzola**,
desmenuzado
sal y pimienta negra
parmesano recién rallado,
para servir

Cueza las patatas en una olla grande con agua salada
hirviendo, durante 5 minutos, añada la pasta y cúezala siguiendo
las instrucciones del paquete, hasta que esté *al dente*.
En los 5 últimos minutos de la cocción, agregue la col.

Mientras, caliente el aceite a fuego lento en una cazuela
pequeña. Agregue el ajo y cuando empiece a dorarse, eche
el mascarpone y el gorgonzola y remueva hasta que se hayan
fundido. Retire la cazuela del fuego.

Justo antes de colar la pasta, añada, sin parar de remover,
1 cucharada grande del agua de la cocción en la salsa
de queso. Cuele la pasta y póngala en un bol grande. Agregue
la salsa de queso, mezcle bien y sirva la pasta inmediatamente
con un poco de parmesano rallado.

**Para preparar pasta integral con arándanos rojos
y col lombarda**, en lugar de col de Saboya, utilice
250 g de col lombarda: córtela en tiras finas y saltéela
en aceite junto con el ajo hasta que la col esté tierna
pero firme. Derrita los quesos en una cazuela aparte
y mézclelos con la col, el ajo y 4 cucharadas de arándanos
rojos secos. Para terminar de preparar este plato, siga como
se indica en la receta.

pesto de pimiento rojo y pecorino

4 raciones
tiempo de preparación
   10 minutos
tiempo de cocción **25 minutos**

5 **pimientos rojos**
1 cucharada de **aceite de oliva**
   virgen extra, más un poco
   para servir
50 g de **almendras**
   blanqueadas
1 **diente de ajo**, pelado
30 g de **pecorino** recién rallado
400 g de **penne secos**
65 g de **roqueta salvaje**
sal y pimienta negra

Unte los pimientos con aceite y colóquelos bajo el grill precalentado, cuando esté muy caliente; deles la vuelta de vez en cuando hasta que estén ennegrecidos y tengan burbujas en la piel. Ponga los pimientos en un bol, tápelos con film transparente y déjelos reposar en el bol durante 5 minutos. Esto hará que sea más fácil quitarles la piel.

Cuando los pimientos estén lo suficientemente fríos como para poder tocarlos, retíreles la piel. Corte los pimientos en tiras y quíteles las semillas y la parte blanca; resérvelos.

Introduzca los pimientos en un robot de cocina junto con las almendras, el diente de ajo y el pecorino y tritúrelo todo. Salpimiente y vierta la mezcla en un bol.

Cueza la pasta en una olla grande con agua salada hirviendo, siguiendo las instrucciones del paquete, hasta que esté *al dente*. Cuele la pasta e incorpórela a la salsa junto con las tiras de pimiento reservadas y la roqueta. Mezcle todos los ingredientes y sírvalos inmediatamente con un chorro generoso de aceite de oliva virgen extra.

Para preparar pesto de pimientos en conserva y queso ahumado, utilice 250 g de pimientos asados de lata y 50 g de queso ahumado, como, por ejemplo, manchego ahumado. Escurra los pimientos de lata, córtelos en tiras y ralle el queso. Pique finamente los demás ingredientes y mézclelos con los pimientos y el queso. Añada la pasta y la roqueta y remueva antes de servir.

fettuccine con salsa de gorgonzola

4 raciones
tiempo de preparación
5 minutos
tiempo de cocción
12-14 minutos

500 g de **fettuccine secos**
u otras **cintas de pasta**
25 g de **mantequilla**,
más un poco para servir
250 g de **gorgonzola**,
desmenuzado
150 ml de **nata**
2 cucharadas de **vermut seco**
1 cucharadita de **maicena**
2 cucharadas de **hojas de salvia**
picadas, más unas cuantas
para decorar
sal y pimienta negra

Cueza la pasta en una olla grande con agua salada hirviendo, siguiendo las instrucciones del paquete, hasta que esté *al dente*.

Mientras, derrita la mantequilla a fuego muy lento en una cazuela de fondo grueso. Agregue el gorgonzola y caliéntelo, sin parar de remover, de 2 a 3 minutos, hasta que el queso se haya fundido.

Añada la nata, el vermut y la maicena y remueva bien para mezclar todos los ingredientes. Eche la salvia, sin parar de remover, hasta que la salsa hierva y espese. Salpimiente y retire del fuego.

Escurra bien la pasta y mézclala con un poco de mantequilla. Recaliente suavemente la salsa, removiéndola bien. Vierta la salsa sobre la pasta y mézclala bien. Adorne con hojas de salvia y sirva inmediatamente.

Para preparar ensalada de remolacha con vinagre de frambuesa, para acompañar a la pasta, corte en dados 250 g de remolacha pelada y cocida y mézclala con ½ cebolla pequeña, finamente picada; a continuación mezcle 1 cucharada de azúcar blanco extrafino con 2-3 cucharadas de vinagre de frambuesa y 2 cucharadas de aceite de oliva o de nuez y vierta este aliño por encima.

rigatoni con berenjena al horno

4-6 raciones

tiempo de preparación
30 minutos, más tiempo
de reposo

tiempo de cocción **40 minutos**

aceite de oliva para freír
3 **berenjenas** grandes, cortadas
en rodajas de 5 mm
1½ cucharada de **orégano seco**
375 g de **penne** o **rigatoni
secos**
1 porción de «**la salsa
de tomate más rápida**»
(*véase* pág. 136)
2 × 150 g de **bolas de
mozzarella**, cortadas
en trozos grandes
75 g de **parmesano** recién
rallado
2 cucharadas de **migas
de pan blanco fresco**
sal y pimienta negra

Caliente 1 cm de aceite a fuego fuerte en una sartén
grande hasta que parezca que la superficie del aceite
tiembla ligeramente. Eche las berenjenas, por tandas,
y fríalas hasta que estén doradas por ambos lados. Sáquelas
con una espumadera y escúrralas en un plato con papel
de cocina. Eche el orégano por encima y salpimiente.

Cueza la pasta en una olla grande con agua salada hirviendo,
siguiendo las instrucciones del paquete, hasta que esté
casi *al dente*. Cuélela, mézclela con la salsa de tomate,
la mozzarella y el parmesano en un bol y salpimiéntela.

Mientras, cubra el fondo y los bordes de un molde
desmontable de 18 cm con las rodajas de berenjena.
Superponga parcialmente las rodajas para que no haya huecos
y llene el molde con la pasta con salsa. Presione un poco
para que la pasta quede compacta y cúbrala con las rodajas
de berenjena restantes.

Esparza las migas de pan por encima y meta el molde
en el horno precalentado a 200 °C, 6 si es de gas,
durante 15 minutos, hasta que las migas se doren.
Deje reposar 15 minutos y quite el aro del molde y sirva.
No intente sacar el pastel del molde ya que es muy probable
que se acabe rompiendo.

Para preparar rigatoni con calabacín al horno,
utilice 6 o 7 calabacines grandes en lugar de berenjenas
y córtelos en rodajas antes de freírlos.

lasaña de champiñones con mozzarella

4 raciones
tiempo de preparación
20 minutos
tiempo de cocción **20 minutos**

8 láminas de lasaña secas
50 g de **mantequilla**
2 cucharadas de **aceite de oliva**,
   más un poco para aceitar
2 **cebollas**, picadas
2 **dientes de ajo**, machacados
500 g de **champiñones**,
   cortados en rodajas
4 cucharadas de **nata**
4 cucharadas de **vino blanco
seco**
1 cucharadita de **tomillo** picado
2 **pimientos rojos**, asados
   y después, pelados, sin
   semillas ni nervios (la parte
   blanca) y cortados en rodajas
   gruesas (*véase* pág. 186)
125 g de **espinacas «baby»**,
   cortadas en trozos pequeños
125 g de **mozzarella de búfala**,
   cortada en rodajas
50 g de virutas de **parmesano**
sal y pimienta negra

Cueza las láminas de lasaña, por tandas, en una olla grande con agua salada hirviendo, siguiendo las instrucciones del paquete, hasta que estén *al dente*. Escúrralas, enfríelas bajo el grifo y colóquelas sobre un paño de cocina para que se escurran del todo. Disponga 4 láminas en una fuente refractaria grande bien aceitada.

Mientras, derrita la mantequilla junto con el aceite a fuego medio en una cazuela. Eche la cebolla y remueva durante 3 minutos; agregue el ajo y remueva durante 1 minuto o más. Luego, añada los champiñones, suba el fuego y remueva con frecuencia durante 5 minutos. Agregue la nata, el vino y el tomillo, salpimiente y deje cocer a fuego lento durante 4 minutos.

Esparza 1 cucharada generosa de la salsa de champiñones sobre las láminas y añada unas rodajas de pimiento rojo y la mitad de las espinacas. Cubra esta capa con el resto de las láminas y agregue las espinacas que queden y 1 rodaja de mozzarella; corónela con un poco más de salsa y unas virutas de parmesano.

Coloque la lasaña bajo el grill precalentado, muy caliente, y gratínela durante 5 minutos o hasta que la salsa burbujee y el parmesano se dore. Sírvala inmediatamente.

Para preparar lasaña suculenta de champiñones con fontina, sustituya la mozzarella por 125 g de queso fontina y utilice 250 g de champiñones Portobello y 250 g de setas shiitake.

pasta con tomate y albahaca frescos

4 raciones
tiempo de preparación
  10 minutos
tiempo de cocción
  17-20 minutos

3 cucharadas de **aceite de oliva**
2 **dientes de ajo**, finamente
  picados
1 kg de **tomates pera muy
  maduros**, pelados y troceados
2 cucharaditas de **vinagre
  balsámico añejo de calidad**
unas 30 **hojas de albahaca**
400 g de **pasta seca**
  de su elección
sal y pimienta negra
parmesano recién rallado
  o **aceite de oliva virgen extra**,
  para servir

Caliente el aceite a fuego fuerte en una sartén grande, eche el ajo y sofríalo durante 30 segundos. Añada rápidamente los tomates y remueva. Lleve a ebullición, salpimiente y cocínelos de 6 a 7 minutos, mientras los aplasta un poco para que suelten su jugo.

Retire la sartén del fuego y eche, sin parar de remover, el vinagre y la albahaca. Mientras se cuece la pasta, deje reposar la salsa para que se acentúe el sabor de la albahaca.

Cueza la pasta en una olla grande con agua salada hirviendo, siguiendo las instrucciones del paquete, hasta que esté al dente. Eche la salsa en un bol. Escurra bien la pasta y añádala, sin parar de remover, a la salsa. Sírvala inmediatamente con un chorrito de aceite de oliva virgen extra o un poco de parmesano rallado.

Para preparar pimientos rellenos de pasta, corte por la mitad y quite las semillas de 4 pimientos grandes; póngalos bajo el grill, con la parte cortada hacia abajo, hasta que la piel se ennegrezca. Déjelos enfriar y pélelos. Prepare la salsa de tomate como se indica en la receta y mézclela con 250 g de formas de pasta pequeñas, cocidas, escurridas, pasadas por agua y escurridas una vez más. Coloque los pimientos en una fuente grande y plana y rellene cada pimiento con una cuarta parte de la pasta con salsa. Cúbralos con 150 g de mozzarella cortada en rodajas y déjelos bajo el grill precalentado a fuego medio hasta que el queso burbujee y se dore.

rigatoni con calabaza y ricotta

4 raciones
tiempo de preparación
10 minutos
tiempo de cocción
18-23 minutos

25 g de **mantequilla sin sal**
1 **cebolla** pequeña, finamente
  picada
20 **hojas de salvia**
250 g de **calabaza** o **calabaza
  alargada**, pelada y sin semillas
400 g de **rigatoni secos**
50 g de **parmesano** recién
  rallado
200 g de **ricotta**
25 g de **almendras laminadas**
  tostadas
2 **dientes de ajo** finamente
  picados
sal y pimienta negra

Derrita la mantequilla a fuego lento en una cazuela grande de fondo grueso. Añada la cebolla y la salvia y cocínelas, remueva de vez en cuando, de 6 a 8 minutos, hasta que la cebolla se ablande.

Corte la calabaza (o la calabaza alargada) en trozos de 1 cm, añádalos a la cazuela y salpimiente. Cocínelos durante 12-15 minutos, hasta que los trozos de calabaza estén muy tiernos.

Mientras, cueza la pasta en una olla grande con agua salada hirviendo, siguiendo las instrucciones del paquete, hasta que esté *al dente*, y cuélela.

Añada la pasta a la salsa junto con el parmesano y la ricotta y mezcle. Esparza las almendras laminadas por encima y sirva el plato inmediatamente.

Para preparar rigatoni con calabaza, ricotta y amaretti, un plato deliciosamente crujiente, utilice 25 g de galletas amaretti desmenuzadas en lugar de almendras.

pesto de tomate, piñones y roqueta

4-6 raciones
tiempo de preparación
  10 minutos
tiempo de cocción
  10-12 minutos

400-600 g de **espirales**
  de pasta seca, como fusilli
3 **tomates maduros**
4 **dientes de ajo**, pelados
50 g de **roqueta**, más un poco
  para decorar
100 g de **piñones**
150 ml de **aceite de oliva**
sal y pimienta negra

Cueza la pasta en una olla grande con agua salada hirviendo, siguiendo las instrucciones del paquete, hasta que esté *al dente*.

Mientras, trocee finamente los tomates y pique bien los dientes de ajo, los piñones y la roqueta (todo ello a mano); a continuación, añada, sin parar de remover, el aceite. Salpimiente y ponga en un bol.

Cuele la pasta, añádala al bol del pesto y mézclelo todo bien. Adorne con unas hojas de albahaca y sirva el plato inmediatamente.

Para preparar pesto de tomate, perejil y almendra, eche 4 tomates maduros, 2 dientes de ajo, 50 g de perejil, 100 g de almendras y 150 ml de aceite de oliva en un robot de cocina y tritúrelo todo bien.

conchas de pasta grandes con ricotta al horno

4 raciones
tiempo de preparación
20 minutos
tiempo de cocción **30 minutos**

250 g de **conchiglie rigate secos**
400 g de **ricotta**
1 **diente de ajo** pequeño, machacado
125 g de **parmesano** recién rallado
20 g de **albahaca**, finamente picada
125 g de **espinacas «baby»**, cortadas en trozos pequeños
1 porción de «**la salsa de tomate más rápida**» (*véase* pág. 136)
150 g de **mozzarella**, cortada en dados
sal y pimienta negra

Cueza la pasta en una olla grande con agua salada hirviendo, siguiendo las instrucciones del paquete, hasta que esté *al dente*. Cuélela, pásela por agua fría y cuélela de nuevo.

Mientras, prepare el relleno. Ponga la ricotta en un bol grande y desmenúcela con un tenedor. Añada, sin parar de remover, el ajo, la mitad del parmesano, la albahaca y las espinacas. Salpimiente generosamente y utilice esta mezcla para rellenar las conchas de pasta.

Unte el fondo de una fuente refractaria con una cuarta parte de la salsa de tomate y ponga encima las conchas de pasta, con la abertura hacia arriba. Eche el resto de la salsa uniformemente por encima y añada la mozzarella y el resto del parmesano.

Introduzca la fuente en el horno precalentado a 220 °C, 7 si es de gas, durante 20 minutos, hasta que se dore.

Para preparar conchas de pasta rellenas de garbanzos y berros con bechamel, utilice 1 porción de bechamel de la receta de canelones de primavera (*véase* pág. 202) en lugar de salsa de tomate. Pique finamente 150 g de berros y mezcle con 2 cebolletas picadas y 400 g de garbanzos en lata escurridos y picados. Mezcle con la ricotta, el parmesano y la albahaca, como se indica en la receta, pero sin incluir las espinacas y el ajo. Alterne capas de bechamel y conchas de pasta rellenas y cubra con queso.

canelones de primavera

4 raciones
tiempo de preparación
30 minutos
tiempo de cocción
30-40 minutos

500 ml de **leche**
1 **hoja de laurel**
1 **cebolla** pequeña, cortada
en 4 partes
125 g de **habas** peladas,
frescas o congeladas
125 g de **guisantes** pelados,
frescos o congelados
20 g de **menta**, picada
20 g de **albahaca**, picada
1 **diente de ajo**, machacado
300 g de **ricotta**
75 g de **parmesano**, más
un poco para espolvorear
40 g de **mantequilla**
30 g de **harina**
75 ml de **vino blanco seco**
150 g de **láminas de lasaña**
secas
sal y pimienta negra

Lleve la leche junto con la hoja de laurel a una ebullición suave en una cazuela. Retírela del fuego y déjela reposar durante 20 minutos para que se acentúen los sabores y cuélela.

Mientras, cueza las habas y los guisantes en agua hirviendo hasta que estén tiernos (de 6 a 8 minutos si son frescos y 2 minutos si son congelados). Escúrralos y páselos por agua fría. Triture la mitad en un robot de cocina junto con las hierbas aromáticas y el ajo hasta obtener un puré irregular. Mézclelo con la ricotta, el parmesano y el resto de las verduras y salpimiente.

Derrita la mantequilla en un cazo a fuego muy lento. Añada la harina y remueva durante 2 minutos, hasta que adquiera un color tostado claro. Retire el cazo del fuego y añada poco a poco la leche, sin dejar de remover, para que no queden grumos. Vuelva a colocarlo en el fuego, llévelo a ebullición suave, sin parar de remover, y vierta el vino. Deje hervir a fuego lento durante 5-6 minutos, hasta que espese, y salpimiente.

Cueza la pasta en una olla grande con agua salada hirviendo. Cuélela, pásela por agua fría y córtela en 16 trozos de 8 × 9 cm.

Ponga 1 ½ cucharadas de relleno en cada lámina de pasta y enróllelas. Esparza la mitad de la salsa sobre una fuente refractaria, coloque los rollitos encima, en una sola capa, y cúbralos con el resto de la salsa. Espolvoree con parmesano y cocine los rodillos en el horno precalentado 200 °C, 6 si es de gas, durante 15 minutos, hasta que doren.

Para preparar canelones de espinacas, en lugar de habas y guisantes, utilice 250 g de espinacas; trocéelas y saltéelas en un poco de mantequilla en una cazuela tapada. Sustituya la menta y la albahaca por nuez moscada rallada.

espaguetis a la boloñesa vegetarianos

2 raciones
tiempo de preparación
15 minutos
tiempo de cocción
35-45 minutos

1 cucharada de **aceite vegetal**
1 **cebolla**, finamente picada
1 **diente de ajo**, finamente
    picado
1 **tallo de apio**, finamente picado
1 **zanahoria**, finamente picada
75 g de **champiñones
    Portobello**, cortados gruesos
1 cucharada de **concentrado
    de tomate**
400 g de **tomates troceados**
    en lata
250 ml de **vino tinto** o **caldo
    vegetal**
un puñadito de **hierbas
    aromáticas variadas secas**
1 cucharadita de **extracto
    de levadura**
150 g de **proteína vegetal
    texturizada**
2 cucharadas de **perejil** picado
200 g de **espaguetis integrales**
sal y pimienta negra
parmesano recién rallado,
    para servir

Caliente el aceite a fuego medio en una cazuela grande de fondo grueso. Eche la cebolla, el ajo, el apio, la zanahoria y los champiñones y sofríalo todo, remueva con frecuencia, durante 5 minutos o hasta que los ingredientes se ablanden. Añada el concentrado de tomate y siga removiendo 1 minuto más.

Agregue los tomates, el vino (o el caldo vegetal), las hierbas aromáticas, el extracto de levadura y la proteína vegetal texturizada. Lleve a ebullición y, a continuación, baje el fuego y deje cocer a fuego lento durante 30-40 minutos, hasta que la proteína vegetal texturizada esté tierna. Eche, sin parar de remover, el perejil y salpimiente.

Mientras, cueza la pasta en una olla grande con agua salada hirviendo, siguiendo las instrucciones del paquete, hasta que esté *al dente*. Escúrrala bien y distribúyala en 2 platos. Cúbrala con la mezcla vegetal y sírvala inmediatamente con un poco de parmesano rallado.

Para preparar boloñesa de lentejas, utilice 150 g de lentejas verdes (en lata o bote) en lugar de proteína vegetal texturizada. Lávalas bien antes de añadirlas. Si utiliza lentejas secas, déjelas en remojo y cocínelas siguiendo las instrucciones del fabricante.

garganelli con salsa cremosa de cavolo nero

4 raciones
tiempo de preparación
  10 minutos
tiempo de cocción
  16-18 minutos

500 g de **cavolo nero**
  (col negra italiana)
3 cucharadas de **aceite de oliva**
2 **dientes de ajo**, cortados
  en rodajas finas
1 **chile rojo seco**, finamente
  picado
400 g de **garganelli** o **fusilli
  secos**
300 ml de **nata**
50 g de **pecorino** recién rallado,
  más un poco para servir
sal

Recorte el cavolo nero, retire las partes blancas duras del centro y córtelo en tiras gruesas.

Caliente el aceite a fuego medio en una sartén grande, eche el ajo y el chile y sofríalo todo, sin parar de remover, hasta que el ajo empiece a dorarse. Añada, removiendo constantemente, el cavolo nero y salpimiente. Siga removiendo a fuego fuerte durante 2-3 minutos, hasta que se ablande.

Cueza la pasta en una olla grande con agua salada hirviendo, siguiendo las instrucciones del paquete, hasta que esté *al dente*. Escúrrala y reserve 1 cucharada grande del agua de la cocción.

Mientras, eche la nata sobre la col blanda y lleve a ebullición. Baje el fuego y cuézalas durante 5 minutos hasta que la nata espese, para que la col se cubra de salsa sedosa. Agregue el pecorino y la pasta y remueva a fuego lento durante 30 segundos. Añada el agua reservada de la cocción de la pasta y siga removiendo hasta que la pasta quede impregnada de salsa y tenga una textura sedosa. Sirva inmediatamente con un poco de pecorino rallado.

Para preparar garganelli con cavolo nero y alubias pintas borlotti, escurra 400 g de alubias pintas borlotti en lata y añada la mezcla ya cocida de cavolo nero, la cebolla y el ajo. Eche, sin parar de remover, una pizca de macis molida y la cáscara rallada de 1 limón; vierta la nata y continúe como se indica en la receta.

pasta primavera

4 raciones
tiempo de preparación
15 minutos
tiempo de cocción
10-12 minutos

300 g de **tagliatelle secos**
2 cucharadas de **aceite de oliva**
1 **diente de ajo**, machacado
2 **chalotas**, picadas
125 g de **guisantes frescos**, pelados
125 g de **habas tiernas frescas**, peladas
125 g de **espárragos**, recortados
125 g de **espinacas**, troceadas
150 ml de **nata para montar**
75 g de **parmesano** recién rallado
un puñado de **hojas de menta**, picadas
sal y pimienta negra

Cueza la pasta en una olla grande con agua salada hirviendo, siguiendo las instrucciones del paquete, hasta que esté *al dente*.

Mientras, caliente el aceite a fuego medio en una cazuela, eche el ajo y las chalotas y cocínelas, sin parar de remover, durante 3 minutos. Añada los guisantes, las habas, los espárragos y las espinacas y remueva durante 2 minutos. Incorpore, sin dejar de remover, la nata y deje cocer a fuego lento durante 3 minutos.

Escurra bien la pasta, incorpórela a la mezcla de verduras y salpimiente generosamente. Agregue el parmesano y la menta y mezcle bien con 2 cucharas. Sirva la pasta inmediatamente.

Para preparar pasta con verduras al estragón, utilice 150 g de cada una de las siguientes verduras: zanahorias «baby», guisantes dulces y judías verdes finas en lugar de las espinacas, los guisantes y las habas. Corte las zanahorias y los guisantes en 4 trozos, a lo largo, y escalde las judías verdes en agua hirviendo, antes de cocinar, como se indica en la receta; sustituya la menta por un puñado de hojas de estragón.

frittata con espaguetis y calabacines

4 raciones
tiempo de preparación
10 minutos
tiempo de cocción **25 minutos**

2 cucharadas de **aceite de oliva**
1 **cebolla**, cortada en rodajas
finas
2 **calabacines**, cortados
en rodajas finas
1 **diente de ajo**, machacado
4 **huevos**
125 g de **espaguetis cocidos**
4 cucharadas de **parmesano**
recién rallado
10 **hojas de albahaca**, partidas
sal y pimienta negra

Caliente el aceite a fuego lento en una sartén antiadherente de fondo grueso de 23 cm. Eche la cebolla y sofríala, removiendo de vez en cuando, de 6 a 8 minutos, hasta que se ablande. Añada los calabacines y el ajo y remueva durante 2 minutos.

Bata los huevos en un cuenco grande y salpimiente. Incorpore, sin parar de remover, las verduras sofritas, los espaguetis y la mitad del parmesano y de la albahaca. Vuelque la mezcla en la sartén y reparta rápidamente los ingredientes de manera uniforme. Cueza a fuego lento de 8 a 10 minutos o hasta que toda la *frittata*, menos la parte superior, haya cuajado.

Coloque bajo el grill cuando esté muy caliente, a unos 10 cm de la fuente de calor y espere a que cuaje, pero sin dejar que se dore.

Agite un poco la sartén para que la *frittata* no quede demasiado compacta. Póngala en un plato, espolvoréela con el parmesano y la albahaca y déjela enfriar 5 minutos antes de servir.

Para preparar *frittata* con verduras variadas, utilice 300 g de espinacas, guisantes y trozos de brócoli cocidos en lugar de calabacines; siga como se indica en la receta. Sirva la *frittata* con una ensalada verde.

lasaña de espinacas y setas

4 raciones
tiempo de preparación
15 minutos
tiempo de cocción **12 minutos**

3 cucharadas de **aceite de oliva virgen extra**, más un poco para aceitar
500 g de **setas variadas**, cortadas en rodajas
200 g de **mascarpone**
12 **láminas de lasaña frescas preparadas**
150 g de **taleggio**, sin corteza y cortado en dados
125 g de **espinacas «baby»**
sal y pimienta negra

Caliente el aceite a fuego medio en una sartén grande, eche las setas y sofríalas, remueva con frecuencia, durante 5 minutos. Añada el mascarpone, déjelo cocer a fuego fuerte durante 1 minuto hasta que espese y salpimiente.

Mientras, coloque las láminas de pasta en una bandeja de horno grande y cúbralas con agua hirviendo. Déjelas reposar 5 minutos o hasta que estén blandas. Escúrralas.

Unte ligeramente con aceite una fuente refractaria y coloque en ella 3 láminas de pasta parcialmente superpuestas. Eche por encima un poco de taleggio, ⅓ de la salsa de setas y ⅓ de las espinacas. Repita el proceso con 2 láminas más y cubra la última lámina con el taleggio restante.

Ponga la fuente bajo el grill caliente durante 5 minutos, hasta que el queso esté dorado. Sirva el plato inmediatamente.

Para preparar lasaña de setas, tomates y calabacines, utilice 500 g de tomates y 2 calabacines en lugar de espinacas. Escalde los tomates en agua hirviendo antes de pelarlos y córtelos en rodajas; corte los calabacines en rodajas finas y siga como se indica en la receta.

espaguetis con sabores tailandeses

2 raciones
tiempo de preparación
   10 minutos
tiempo de cocción
   11-13 minutos

200 g de **espaguetis secos**
3 cucharadas de **aceite vegetal**
2 cucharaditas de **aceite
   de sésamo**
2 **dientes de ajo**, cortados
   en rodajas
1 cucharadita de **raíz
   de jengibre** rallada
2 **chiles rojos picantes frescos**,
   sin semillas y finamente
   picados
cáscara finamente rallada
   y **zumo de 2 limas**
1 manojo de **cilantro fresco**,
   picado
un puñado de **hojas
   de albahaca tailandesa**
   o de **albahaca común**
sal y pimienta negra

Cueza la pasta en una olla grande con agua salada hirviendo, siguiendo las instrucciones del paquete, hasta que esté *al dente*. Escúrrala, reserve 4 cucharadas del agua de la cocción y vuelva a introducir la pasta en la olla.

Mientras, caliente los 2 aceites a fuego medio en una sartén; eche el ajo, el jengibre, los chiles y la cáscara de lima y sofríalo todo, sin parar de remover, durante 30 segundos o hasta que el ajo empiece a desprender su aroma. Añada el agua reservada de la cocción de la pasta y lleve a ebullición.

Eche en la pasta, sin dejar de remover, junto con las hierbas aromáticas y el zumo de lima; mezcle sobre el fuego durante unos segundos hasta que los ingredientes se calienten. Salpimiente y sirva el plato inmediatamente.

Para preparar espaguetis con marisco y sabores tailandeses, añada 200 g de gambas grandes, crudas y peladas, a los aceites calientes y cocinelas, sin parar de remover, durante 2 minutos, hasta que adquieran un tono rosado, antes de agregar el ajo y los demás ingredientes.

recetas caseras

gnocchi de patata clásicos

4-6 raciones

tiempo de preparación
30 minutos, más tiempo
de reposo
tiempo de cocción **30 minutos**

1 kg de **patatas harinosas** como
las King Edward o las Maris
Piper
¼ de **nuez moscada**
recién rallada
150-300 g de **harina**, más
un poco para espolvorear
2 **huevos**
sal y pimienta negra

Ponga las patatas, sin pelar, en una cazuela y cúbralas
con agua fría. Tape la cazuela y llévela a ebullición. Baje el
fuego y cueza las patatas a fuego lento durante 20 minutos
o hasta que estén cocidas y escúrralas.

Pele las patatas mientras aún estén calientes y páselas
por un pasapurés o por un pasapurés de manivela para obtener
un puré suave y ligero. Colóquelo en un bol grande, añada
la nuez moscada y salpimiente. Tamice 150 g de harina, casque
los huevos y échelos en la sartén; trabaje la mezcla, rápida
pero cuidadosamente, hasta que adquiera una consistencia
grumosa, como la de las migas de pan.

Amase suavemente sobre una superficie limpia para obtener
una masa blanda, suave y maleable. Si la masa está demasiado
húmeda, añada más harina. No trabaje la masa en exceso
ya que los gnocchi perderán su consistencia ligera.

Divida la masa en 3 partes y estírelas para formar tiras de un
dedo de grosor. Córtelas en trozos de 2,5 cm con un cuchillo
afilado. Disponga los trozos en una placa de horno enharinada
y déjelos reposar durante 10-20 minutos.

Lleve una olla grande con agua salada a ebullición, eche los
gnocchi y cuézalos entre 3 y 4 minutos o hasta que suban a la
superficie. Sáquelos con una espumadera y escúrralos. Sírvalos
inmediatamente con la salsa de su elección.

Para preparar gnocchi con espinacas o roqueta,
añada 50 g de roqueta salvaje finamente picada o espinacas
«baby» a la mezcla antes de amasarla.

raviolis de patata, roqueta y limón

4 raciones

tiempo de preparación
25 minutos

tiempo de cocción
1 hora y 5 minutos

500 g de **patatas harinosas**
como las King Edward
o las Maris Piper

3 cucharadas de **parmesano**
recién rallado

75 g de **roqueta salvaje**,
más un poco para servir

cáscara (limpia) finamente
rallada de **1 limón**

125 g de **mantequilla**

una pizca generosa de **nuez
moscada** recién rallada

1 **masa de 3 huevos**
(*véase* pág. 10)

harina italiana 00 o harina
de trigo fina, para espolvorear

sal y pimienta negra

virutas de **parmesano**,
para servir

Pinche las patatas con un tenedor y póngalas en una placa de horno grande. Métalas en el horno precalentado a 220 °C, 7 si es de gas, durante 1 hora o hasta que se hayan cocido.

Cuando estén lo suficientemente frías, pártalas por la mitad, sáqueles la pulpa y póngala en un bol. Haga un puré junto con el parmesano, la roqueta, la cáscara de limón rallada y la mitad de la mantequilla. Añada la nuez moscada y salpimiente.

Estire la masa para la pasta y forme láminas largas (*véase* pág. 11). Prepare las láminas de una en una, colocando cucharaditas colmadas de relleno sobre ellas y dejando 5 cm entre una y otra cucharadita, hasta llenar la mitad de la lámina. Humedezca con agua y doble la parte vacía de la lámina sobre la que tiene el relleno. Presione con cuidado para cerrar los raviolis y evitar que quede aire en el interior. Corte en cuadrados o redondeles con un cortador dentado. Colóquelos en una placa de horno enharinada y tápelos con un paño de cocina.

Cueza la pasta en una olla grande con agua salada hirviendo, durante 2-3 minutos, hasta que esté *al dente*. Cúelela y reserve 1 cucharada grande del agua de la cocción.

Mientras, derrita la mantequilla restante a fuego lento en una sartén grande, añada los raviolis y el agua reservada de su cocción y deje cocer a fuego lento hasta que queden impregnados de salsa. Sirva el plato inmediatamente con unas virutas de parmesano y un poco de roqueta.

Para preparar raviolis de berros y mostaza, sustituya la cáscara de limón y la roqueta por 2 cucharaditas de mostaza y un puñado de perejil picado fino, 2 dientes de ajo machacados y 75 g de berros.

tortellini de pato

4 raciones

tiempo de preparación **40 minutos**

tiempo de cocción **1 hora y 30 minutos**

25 g de **mantequilla sin sal**

1 cucharada de **aceite de oliva**

1 **cebolla** pequeña, finamente picada

2 **tallos de apio**, finamente picados

1 **zanahoria**, finamente picada

200 ml de **vino blanco seco**

cáscara finamente rallada **y zumo de 1 naranja**

2 cucharadas de **tomillo** picado

250 ml de **tomates troceados** de lata

2 **muslos de pato** sin piel, de unos 175-200 g cada uno

2 cucharadas de **parmesano** recién rallado, más un poco para servir

2 cucharadas de **migas de pan blanco fresco**

1 **huevo**

1 **masa de 3 huevos** (*véase* pág. 10)

harina italiana 00 o **harina de trigo fina**, para espolvorear

sal y pimienta negra

perejil de hoja plana picado, para servir

Derrita la mantequilla junto con el aceite a fuego lento en una cazuela grande de fondo grueso. Eche la cebolla, el apio y la zanahoria y sofríalos durante 10 minutos. Vierta el vino y déjelo hervir 1 minuto. Agregue la cáscara y el zumo de naranja, el tomillo y el tomate y vuelva a llevarlo a ebullición.

Sazone el pato con sal y pimienta, añádalo a la salsa y déjelo cocer a fuego lento, tapado, durante 1 hora y 15 minutos, hasta que la carne empiece a desprenderse del hueso. Separe la carne del hueso y desmenúcela. Introdúzcala en un robot de cocina y tritúrela bien. Mezcle con el parmesano, las migas de pan y el huevo.

Estire la masa para la pasta y forme láminas largas (*véase* pág. 11). Córtelas en cuadrados de 8 cm. Coloque una bola pequeña de relleno en el centro de cada cuadrado, humedezca los bordes con agua y enrolle la masa sobre el relleno formando triángulos. Presione con cuidado los tortellini para evitar que quede aire en el interior. Una las puntas del lado más largo del triángulo y apriete bien. Póngalos en una placa de horno enharinada y tápelos con un paño de cocina.

Cueza los tortellini en una olla grande con agua salada hirviendo, durante 3-4 minutos, hasta que estén *al dente*. Escúrralos y sírvalos inmediatamente con la salsa, un poco de parmesano rallado y perejil.

Para preparar tortellini de cordero o de pollo, sustituya el pato por 1 pierna de cordero o 2 muslos de pollo. Para hacer tortellini de cordero, utilice cáscara y zumo de naranja y para tortellini de pollo, cáscara y zumo de limón. Para conseguir un sabor más intenso, utilice 200 ml de vino tinto en lugar de vino blanco.

rotolo de ricotta y jamón de Parma

4 raciones
tiempo de preparación
  20 minutos
tiempo de cocción **35 minutos**

250 g de **espinacas «baby»**
250 g de **ricotta**
una pizca generosa de **nuez moscada** recién rallada
50 g de **parmesano** recién rallado, más un poco para servir
1 **masa de 3 huevos** (*véase* pág. 10)
3 lonchas de **jamón de Parma**
75 g de **mantequilla**, fundida
sal y pimienta negra

Cueza las espinacas al vapor o en el microondas hasta que se ablanden un poco. Páselas por agua fría, escúrralas y sáqueles todo el líquido. Mézclelas con la ricotta, la nuez moscada y el parmesano y salpimiente.

Parta la masa de pasta por la mitad. Estire cada mitad y forme una lámina (*véase* pág. 11). Extienda un paño de cocina húmedo sobre la superficie de trabajo y coloque sobre éste las láminas, superponiéndolas parcialmente para crear un rectángulo que lo cubra casi todo. Pinte con agua el punto en el que coinciden las láminas y presione con fuerza para que se peguen bien.

Esparza la mezcla de ricotta, nuez moscada y parmesano sobre las láminas dejando un borde de 1,5 cm a la derecha y a la izquierda. Distribuya uniformemente por encima las espinacas y luego las lonchas de jamón de Parma longitudinalmente, sobre el borde largo más próximo a usted.

Pinte los bordes con agua y enrolle la pasta. Pellizque los bordes para sellarlos y envuelva la pasta en el paño de cocina. Ate las dos puntas con un hilo y en 2 o 3 puntos a lo largo de la longitud.

Cueza el rulo durante 30 minutos en una besuguera o en una fuente honda con agua salada en ebullición suave; utilice la rejilla de la besuguera o una fuente refractaria para que el rulo se mantenga sumergido.

Desenvuelva el rulo, córtelo en 12 rodajas y distribúyalas en platos. Eche la mantequilla derretida por encima y sirva con un poco de parmesano rallado.

Para preparar *rotolo* de ricotta, berros y speck, utilice 100 g de speck cortado en tiras y 250 g de berros en lugar de espinacas.

raviolis con setas y hierbas aromáticas

4 raciones

tiempo de preparación
35 minutos

tiempo de cocción
10-11 minutos

2 cucharadas de **aceite de oliva**

2 **chalotas**, finamente picadas

250 g de **setas variadas**,
finamente picadas

25 g de **aceitunas negras estilo
griego**, sin hueso y finamente
troceadas

4 mitades de **tomates secados
al sol**, en aceite, escurridos
y troceados

1 cucharada de vino **Marsala
seco**

nuez moscada recién rallada

1 **masa de 2 huevos** (*véase*
pág. 10), con 4 cucharadas
de hierbas aromáticas variadas
picadas (una mezcla de
estragón, mejorana y perejil)

harina italiana 00 o **harina
de trigo fina**, para espolvorear

50 g de **mantequilla**, derretida

sal y pimienta negra

ramitas de hierbas aromáticas,
para decorar

para **servir**
virutas de parmesano
setas salteadas

Caliente el aceite a fuego medio en una sartén, eche
las chalotas y sofríalas, remueva con frecuencia, durante
5 minutos o hasta que estén blandas y doradas. Añada
las setas, las aceitunas y los tomates y saltee a fuego fuerte,
removiendo, durante 2 minutos. Añada un chorrito de Marsala
y saltee 1 minuto más. Sazone generosamente con sal,
pimienta y nuez moscada. Ponga en un bol y déjelo enfriar.

Estire la masa para la pasta y forme láminas largas (*véase*
pág. 11). Prepare las láminas de una en una: coloque
cucharaditas colmadas de relleno sobre ellas, separadas
3,5 cm, hasta llenar la mitad de la lámina. Humedezca
ligeramente con agua y doble la parte vacía de la lámina sobre
la que tiene el relleno. Presione cuidadosa pero firmemente
en los espacios libres para cerrar los raviolis y evitar que
quede aire en el interior. Córtelos en cuadrados con una
rueda de pastelería, un cortador dentado o un cuchillo afilado.
Colóquelos en una placa de horno enharinada y tápelos con
un paño de cocina.

Cueza la pasta en una olla grande con agua salada hirviendo,
durante 2-3 minutos, hasta que esté *al dente*. Escúrrala bien,
vuelva a ponerla en la olla y mézclela con la mantequilla derretida.
Distribuya en 4 platos calientes y sírvala inmediatamente
con unas virutas de parmesano y setas salteadas. Adórnela con
ramitas de hierbas aromáticas.

Para preparar raviolis con champiñones Portobello
y nueces, utilice 250 g de champiñones Portobello y 100 g
de nueces de nogal en lugar de setas.

lasaña abierta de marisco

4 raciones
tiempo de preparación
30 minutos
tiempo de cocción **35 minutos**

2 cucharadas de **aceite de oliva virgen extra**, más un poco para sazonar

1 **cebolla** pequeña, finamente picada

1 **bulbo de hinojo**, recortado y finamente picado

2 **dientes de ajo**, machacados

200 ml de **vino blanco seco**

250 ml de **tomates troceados en lata**

1 **masa de 1 huevo** (*véase* pág. 10)

harina italiana 00 o **harina de trigo fina**, para espolvorear

un puñado de **hojas de perejil de hoja plana**

250 g de **filetes de pescado blanco gruesos**, como, por ejemplo, bacalao, rape o halibut (fletán)

250 g de **filetes de pescado blanco finos**, como, por ejemplo, salmonete, pargo rojo, lubina o besugo

12 **langostinos crudos pelados**

6 **hojas de albahaca**, partidas, más unas cuantas para decorar

sal y pimienta negra

Caliente el aceite a fuego lento en una cazuela grande de fondo grueso. Eche la cebolla y el hinojo y sofríalos entre 8 y 10 minutos, hasta que se ablanden. Agregue el ajo y remueva durante 1 minuto. Vierta el vino y lleve a ebullición a fuego fuerte durante 1 minuto. Añada los tomates y salpimente. Lleve a ebullición y deje cocer a fuego lento 20 minutos.

Mientras, estire la masa para la pasta y forme láminas largas (*véase* pág. 11). Esparza el perejil por encima de cada lámina, a lo largo y hasta la mitad, y doble. Pase las láminas por la posición o el grosor más fino de la máquina de hacer pasta y córtelas en 12 rectángulos. Extiéndalas sobre una bandeja enharinada y espolvoréelas con harina en los puntos en los que superpongan las láminas.

Corte los filetes de pescado en trozos de 3,5 cm. Incorpore los filetes de pescado gruesos a la salsa y déjelos cocer a fuego lento 1 minuto. Añada los filetes de pescado finos y los langostinos y déjelos cocer a fuego lento un minuto más. Retírelos del fuego y eche, sin parar de remover, la albahaca, y tape.

Cueza las láminas de pasta, por tandas, en una olla grande con agua salada hirviendo, entre 2 y 3 minutos, hasta que estén *al dente*. Escúrralas, écheles un chorrito de aceite y decórelas con hojas de albahaca.

Ponga una lámina en cada plato y eche por encima la mitad de la salsa. Repita la operación y cubra con una lámina. Sirva inmediatamente con un chorrito de aceite.

taglierini al azafrán

4 raciones

tiempo de preparación
30 minutos, más tiempo
de refrigerado y remojo
tiempo de cocción **12 minutos**

75 g de **mantequilla**
1 **cebolla** finamente picada
100 ml de **vodka** o **vino blanco
seco**
50 g de **parmesano**
recién rallado

para la **masa de la pasta**
cajita de 0,4 g de **hebras
de azafrán**
2 cucharadas de **agua tibia**
225 g de **harina italiana 00**
o **harina de trigo fina**, más
un poco para espolvorear
75 g de **sémola de grano duro**,
más un poco para espolvorear
2 **huevos** y 1 **yema de huevo**

Ponga las hebras de azafrán en remojo durante 15 minutos.

Utilice los ingredientes para la masa de la pasta para prepararla
siguiendo las instrucciones de la página 10 y vuelque
las hebras de azafrán y el agua del remojo en el hueco
del centro de la harina después de que agregue la yema de
huevo y los 2 huevos, o bien meterlas en un robot de cocina
junto con los demás ingredientes. A continuación, amase
y ponga a enfriar siguiendo las instrucciones.

Estire la masa para la pasta y forme láminas largas (*véase*
pág. 11). Córtelas en trozos de 20 cm de longitud. Pase las
láminas por el accesorio de la máquina de hacer pasta que
corta las formas más finas para hacer los taglierini. Colóquelos
en una placa de horno espolvoreada con sémola y tápelos
con un paño de cocina húmedo hasta 3 horas.

Derrita la mantequilla a fuego lento en una sartén grande,
eche la cebolla y sofríala; remueva de vez en cuando, entre
7 y 8 minutos, hasta que esté blanda y transparente. Suba
el fuego y vierta el vodka o el vino. Deje hervir a fuego fuerte
2 minutos y retire del fuego.

Cueza la pasta en una olla grande con agua salada hirviendo
durante 2-3 minutos, hasta que esté *al dente*. Cuélela y añada,
sin parar de remover, la salsa de mantequilla. Sirva el plato
inmediatamente con el parmesano rallado.

Para preparar taglierini con estragón y limón, en lugar de
azafrán, utilice 2 cucharadas de estragón picado y la cáscara
finamente rallada de 1 limón. Viértalas en el hueco del centro
de la harina después de que agregue los huevos, o métalas
en un robot de cocina junto con los demás ingredientes.

raviolis de ricotta y espinacas

4 raciones

tiempo de preparación
25 minutos

tiempo de cocción **2-3 minutos**

500 g de **espinacas
congeladas**, descongeladas
y completamente escurridas

175 g de **ricotta** o **requesón**

½ cucharadita de **nuez
moscada** recién rallada

1 cucharadita de **sal**

1 **masa de 3 huevos**
(*véase* pág. 10)

harina italiana 00 o **harina
de trigo fina**, para espolvorear

125 g de **mantequilla**, derretida

pimienta negra

parmesano recién rallado,
para servir

Ponga las espinacas y la ricotta (o el requesón) en un robot de cocina junto con la nuez moscada, salpimiente al gusto y triture hasta que quede una mezcla suave. Tape y guarde en la nevera mientras se estira la masa.

Estire la masa para la pasta y forme láminas largas (*véase* pág. 11). Prepare las láminas de una en una: coloque cucharaditas colmadas de relleno sobre ellas, separadas 5 cm, hasta llenar la mitad de la lámina. Humedezca ligeramente con agua y doble la parte vacía de la lámina sobre la que tiene el relleno. Presione cuidadosa pero firmemente en los espacios libres para cerrar los raviolis y evitar que quede aire en el interior. Córtelos en cuadrados con una rueda de pastelería, un cortador dentado o un cuchillo afilado o corte semicírculos con un vaso boca abajo. Colóquelos en una placa de horno enharinada y tápelos con un paño de cocina.

Cueza la pasta en una olla grande con agua salada hirviendo, durante 2-3 minutos, hasta que esté *al dente*. Escúrrala bien, vuelva a ponerla en la olla y mézclela con la mantequilla derretida. Distribúyala en 4 platos calientes y sírvala inmediatamente con un poco de parmesano rallado.

Para preparar mantequilla de salvia y chile, para aderezar los raviolis, sofría 12 hojas de salvia en la mantequilla derretida durante 2 minutos y añada, removiendo sin parar, 3 cucharadas de cebollinos cortados y 1 chile verde suave, sin semillas y finamente picado.

pasta con calabaza y salvia

4 raciones

tiempo de preparación
30 minutos

tiempo de cocción **25 minutos**

250 g de **pulpa de calabaza**,
cortada en dados

1 **diente de ajo**, machacado

2 **ramitas de salvia**

2 cucharadas de **aceite de oliva
virgen extra**

75 g de **ricotta**

25 g de **parmesano** recién
rallado, más un poco para servir

1 **masa de 2 huevos**
(*véase* pág. 10)

harina italiana 00 o **harina
de trigo fina**, para espolvorear

75 g de **mantequilla**

2 cucharadas de **hojas de salvia**
enteras

sal y pimienta negra

zumo de limón, para servir

Coloque la pulpa de calabaza en un molde para hornear junto con el ajo, las ramitas de salvia y el aceite de oliva. Salpimiente, cúbralo todo de forma holgada con papel de aluminio y métalo en el horno precalentado a 200 °C, 6 si es de gas, durante 20 minutos, hasta que se haya ablandado. Aplástela bien en un cuenco y déjela enfriar.

Una vez fría, bata la ricotta junto con el parmesano en el puré de calabaza y salpimiente al gusto.

Estire la masa para la pasta y forme láminas largas (*véase* pág. 11). Córtelas en cuadrados de 8 cm. Ponga 1 cucharada de relleno en el centro de cada cuadrado, humedezca los bordes con agua y enrolle la masa sobre el relleno formando triángulos. Presione cuidadosa pero firmemente alrededor del relleno para sellarlos y evitar que quede aire en el interior. Póngalos en una placa de horno enharinada y tápelos con un paño de cocina.

Cueza los triángulos de pasta en una olla grande con agua salada hirviendo, durante 3-4 minutos, hasta que estén *al dente*. Mientras, derrita la mantequilla junto con las hojas de salvia y la pimienta hasta que empiece a adquirir un color avellana. Escurra la pasta y sírvala inmediatamente bañada con la mantequilla de salvia y con un chorrito de zumo de limón y un poco de parmesano rallado.

Para preparar salsa de almendras y albahaca, para elaborar esta salsa, fría 12 hojas de albahaca y 50 g de almendras en 4 cucharadas de aceite de oliva hasta que las hojas de albahaca estén crujientes. Viértala por encima de la pasta escurrida y, como se indica en la receta, sirva la pasta con el zumo de limón y parmesano.

índice

agradecimientos

Editora ejecutiva Nicky Hill
Editora Fiona Robertson
Editora artística Karen Sawyer
Diseño Cobalt
Fotógrafa Lis Parsons
Estilista culinaria Pippa Cuthbert
Atrezzista Liz Hippisley

Fotografías © Octopus Publishing Group Limited/
Lis Parsons, excepto las siguientes: © Octopus
Publishing Group Limited 23, 186, / William Lingwood
102, 112, 116, 142, 204, 212; / Neil Marsh 74;/ Lis
Parsons 8, 13, 94, 106;/ William Reavell 170;/ William
Shaw 76; Simon Smith 11;/ Ian Wallace 48, 80, 122,
150, 162, 166, 188, 198